Schifferpatent für den Bodensee
Übungsbuch

Schifferpatent für den Bodensee

– Übungsbuch –

Fragen- und Antwortenkatalog nach dem Multiple-Choice-Verfahren (Ankreuzsystem) mit Lösungskontrolle

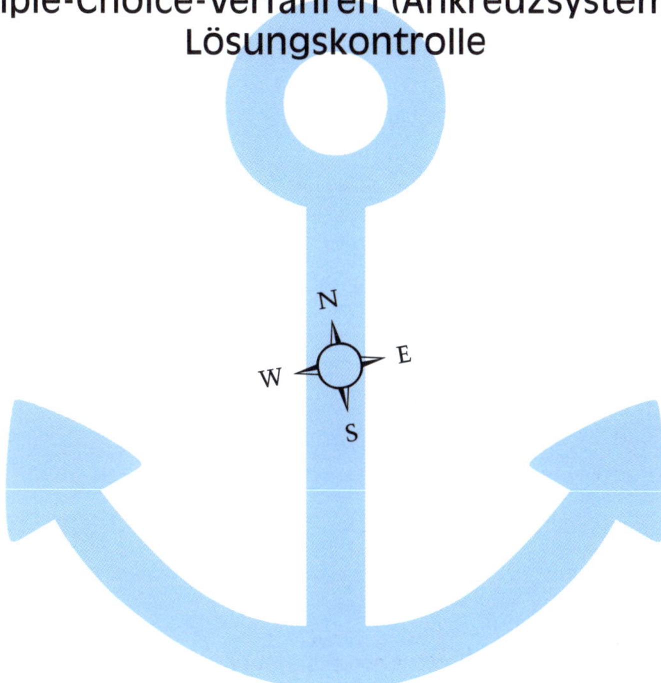

Hans-Joachim Pieper,
Dipl.-Verwaltungswirt-Polizei (FH)

Vorwort

Schifferpatent für den Bodensee – Übungsbuch – wurde für Sie speziell gefertigt, um Sie mit dem „Multiple-choice-Verfahren“ (Ankreuzverfahren) vertraut zu machen.
Die Fragen sind wie im Buch Schifferpatent für den Bodensee – Allgemeiner Teil – nach Sachgebieten zusammengestellt, was ein abschnittsweises Vorgehen beim Erlernen des Prüfungsstoffes ermöglicht. Die Positivantworten entsprechen dem offiziellen Fragen- und Antwortenkatalog der Schifffahrtsbehörden. Die Negativantworten, jeweils zwei, sind von mir zusammengestellt; sie entsprechen daher nicht immer denen, die in den Fragebögen zur Anwendung kommen. Dieses System ist aber sehr gut geeignet, um Sie dem Prüfungsverfahren näherzubringen und eine große Sicherheit bei der Ablegung der Prüfung zu erlangen, zu der ich Ihnen schon jetzt viel Erfolg wünsche.

Ihr Hans-Joachim Pieper

Arbeitshinweise:
Sie brauchen das Ergebnis Ihrer Entscheidung (Auswahl von drei Möglichkeiten) nur mit der richtigen Antwort auf dem eingefügten Halbblatt zu vergleichen und schon können Sie kontrollieren, ob Sie die Aufgabe richtig gelöst haben.
Es empfiehlt sich, bei den Übungen einen weichen Bleistift zu benutzen, damit Sie nach Ausradieren der gesetzten Kreuze Ihren Kenntnisstand erneut überprüfen können.
Den Übungstext bei den Signalmittelfragen müssen Sie nach der üblichen Weise selbst formulieren, können das Ergebnis aber ebenfalls auf einer eingefügten Seite überprüfen.

Inhaltsverzeichnis

Fragen:	Antworten:
Rechtsverhältnisse	
1. Welche Staaten grenzen heute an den Bodensee?	☐ a) Deutschland, Österreich, Schweiz ☐ b) Deutschland, Liechtenstein, Schweiz ☐ c) Bayern, Baden-Württemberg, Aargau
2. Wo gibt es auf dem Obersee Hoheitsgrenzen?	☐ a) in der Konstanzer Bucht ☐ b) in der Seemitte ☐ c) in der Uferzone
3. Wie sind die Hoheitsgrenzen auf den Rheinstrecken festgelegt?	☐ a) an den Ufergrenzen ☐ b) in der Gewässermitte ☐ c) durch Seezeichen
4. Was verstehen Sie unter einem Kondominium?	☐ a) gemeinsam verwaltetes Hoheitsgebiet ☐ b) jeder Staat übt in seinem Gewässeranteil die Hoheitsgewalt aus ☐ c) vereinbarte Teilung eines Gewässers
5. Was verstehen Sie unter einer Realteilung in Bezug auf den Bodensee?	☐ a) Gewässerteilung in der Mitte ☐ b) Grenze ist jeweils das Ufer ☐ c) Teilung nach geographischen Fixpunkten
6. Welche besonderen Aufgaben nehmen die Schifffahrtsbehörden/ Schifffahrtsämter wahr?	☐ a) Erteilen von Zulassungen und Patenten ☐ b) Überwachung und Vollzug der Bodensee-Schifffahrts-Ordnung ☐ c) Verwaltung des Bodensees
7. Was für Aufgaben obliegen den Wasserschutzpolizeien/ Seepolizeien?	☐ a) Überwachung und Kontrolle der Schifffahrt ☐ b) Grenzkontrolle, Unfallaufnahme ☐ c) Wasserstands- und Fischereikontrolle
8. Welche Aufgaben obliegen den Zolldienststellen?	☐ a) Grenzkontrolle von Personen und Waren ☐ b) Gewässer- und Grenzschutz ☐ c) Kennzeichenüberwachung

Fragen:	Antworten:
9. Welche grundsätzlichen Zoll- und Passvorschriften müssen Sie bei einem Grenzübertritt mit Ihrem Fahrzeug am Bodensee beachten?	☐ a) keine ☐ b) gültige Ausweispapiere für Personen und Boot mitführen, erforderlichenfalls beim Zoll melden ☐ c) Anmeldung von mitgeführtem Kraftstoff und Waren
10. Für welche Seeteile des Bodensees und Rheinstrecken gilt die BodenseeSchO?	☐ a) Bodensee, Untersee, Alten Rhein, Rheinstrecken zwischen Konstanz und Schaffhausen ☐ b) Bregenzer Bucht, Überlinger See, Untersee ☐ c) Seerhein, Zeller See, Gnadensee
11. Welche Behörden sind für den Vollzug der BodenseeSchO am deutschen Ufer zuständig?	☐ a) Landratsämter Konstanz, Bodenseekreis, Lindau und Wasserschutzpolizei ☐ b) Bürgermeisterämter, Zoll und Wasserschutzpolizei ☐ c) Wasser- und Schifffahrtsdirektion Südwest
12. Welche in den Bodenseeanliegerstaaten einheitlich erlassene Bestimmung regelt die Schifffahrt auf dem Bodensee?	☐ a) Int. Binnenschifffahrts-Ordnung Bodensee ☐ b) Bodensee-Schifffahrts-Ordnung ☐ c) Seestraßenordnung
13. Welche Behörden sind am deutschen Ufer für die Erteilung von Schifferpatenten und für die Zulassung von Wasserfahrzeugen zuständig?	☐ a) Landratsämter Konstanz, Bodenseekreis und Lindau ☐ b) Ortspolizeibehörden, Wasserschutzpolizei ☐ c) Bürgermeisterämter

Beschreibung des Bodensees

14. Wie groß ist die Fläche des Bodensees?	☐ a) 571 qkm ☐ b) 640 qkm ☐ c) 430 qkm
15. Wie heißen die größten Inseln im Bodensee?	☐ a) Langenrain, Mainau, Lindau ☐ b) Mainau, Reichenau, Lindau ☐ c) Mettnau, Reichenau, Mainau
16. Wie groß ist die Entfernung zwischen Ludwigshafen und Bregenz?	☐ a) 63 km ☐ b) 50 km ☐ c) 72 km

Fragen:	Antworten:
17. Wie breit ist der Bodensee zwischen Friedrichshafen und Arbon?	☐ a) 12 km ☐ b) 14 km ☐ c) 17 km
18. Wo befindet sich die größte Tiefe des Obersees?	☐ a) zwischen Konstanz und Meersburg ☐ b) zwischen Fischbach und Uttwil ☐ c) in der Mitte
19. Wie wird der Seeboden eingeteilt?	☐ a) Ufer, Hang, Wysse, Halde, Schweb, Tiefhalde, Tiefer Schweb ☐ b) Uferzone, Flachwasser, Tiefsee ☐ c) Grund, Halde, Uferzone
20. Wie groß ist die Entfernung zwischen Konstanz und Bregenz?	☐ a) 46 km ☐ b) 63 km ☐ c) 35 km
21. Wie groß ist die Entfernung zwischen Ludwigshafen und der Insel Mainau?	☐ a) 17 km ☐ b) 20 km ☐ c) 27 km
22. Wie groß ist die Entfernung zwischen Konstanz und Stein a. Rh.?	☐ a) 35 km ☐ b) 27 km ☐ c) 19 km
23. Nennen Sie die wichtigsten Naturschutzgebiete am Bodensee!	☐ a) Eriskircher Ried, Wollmatinger Ried, Halbinsel Mettnau ☐ b) Halbinsel Wasserburg, Mainau, Wollmatinger Ried ☐ c) Bayern, Mooser Ried, Hornspitze
24. Wie sind die Naturschutzgebiete gekennzeichnet?	☐ a) durch rotweißrote Tafeln ☐ b) durch weiße Dreiecktafeln, grüner Rand, schwarzer Adler mit Aufschrift „Naturschutzgebiet“ ☐ c) durch grünweiße Tafeln mit der Aufschrift „Schutzgebiet“
25. Welche Vorschriften müssen Sie als Sportbootfahrer bei Naturschutzgebieten beachten?	☐ a) Abstand halten, nicht hineinfahren, „Anlanden verboten“ ☐ b) stillliegen und ankern erlaubt ☐ c) anlanden möglich, aber nicht betreten

Fragen:	Antworten:
26. Wie tief ist die tiefste Stelle des Bodensees?	☐ a) 325 m ☐ b) 254 m ☐ c) 184 m
27. Welche Bestimmungen muss ein Sportbootführer und seine Mitfahrer beachten, wenn sie den Fischfang als Sportfischer ausüben wollen?	☐ a) keine ☐ b) Erlaubnis und Befähigung muss vorhanden sein ☐ c) Bodenseeangel verwenden
28. Welches ist die größte Breite des Bodensees und wo befindet sie sich?	☐ a) 46 km zwischen Konstanz – Lindau ☐ b) 14 km zwischen Friedrichshafen – Arbon ☐ c) 12 km zwischen Friedrichshafen – Romanshorn
29. In welchen besonders gekennzeichneten Gebieten dürfen Sie mit Ihrem Vergnügungsfahrzeug nicht anlanden?	☐ a) in Naturschutzgebieten ☐ b) Wasserschutzgebieten ☐ c) Mündungsbereichen von Flüssen
30. Wie heißt die Verbindung zwischen Obersee und Untersee?	☐ a) Hochrhein ☐ b) Seerhein ☐ c) Alter Rhein

Patentbestimmungen

31. Für welche Vergnügungsfahrzeuge ist ein Schifferpatent erforderlich?	☐ a) für alle Vergnügungsfahrzeuge ☐ b) für Motorfahrzeuge über 4,4 kW Maschinenleistung und Segelfahrzeuge über 12 m^2 Segelfläche ☐ c) für alle Motorfahrzeuge
32. Welche Wasserfahrzeuge dürfen Sie mit einem Schifferpatent der Kategorie „A“ führen?	☐ a) alle Motorboote ohne Einschränkung ☐ b) Segelboote ☐ c) alle motorgetriebenen Vergnügungsfahrzeuge
33. Dürfen Sie mit dem Schifferpatent der Kategorie „D“ auch Segelboote mit Motor, deren Maschinenleistung 4,4 kW übersteigt, führen?	☐ a) nein ☐ b) ja ☐ c) ja, wenn es sich um eine Jolle handelt

Fragen:	Antworten:
34. Welche Voraussetzungen sind für den Erwerb eines Schifferpatents der Kategorien „A“ und „D“ zu erfüllen?	☐ a) kein Eintrag im polizeilichen Führungszeugnis ☐ b) Mindestalter, Eignung u. Befähigung ☐ c) guter Leumund
35. Kann ein Schifferpatent entzogen werden?	☐ a) ja, nach erheblicher Pflichtverletzung als Schiffsführer und im Straßenverkehr ☐ b) ja, wenn es nach 5 Jahren nicht verlängert wird ☐ c) nein, es gilt auf Lebenszeit
36. Kann ein Schifferpatent entzogen oder eingeschränkt werden?	☐ a) ja, wenn Eignung oder Befähigung nicht mehr gegeben oder eingeschränkt sind ☐ b) nein ☐ c) ja, wenn nach 5 Jahren kein neues Gesundheitszeugnis vorgelegt wird
37. Welches Mindestalter ist für Patentbewerber für Vergnügungsfahrzeuge mit Maschinenantrieb erforderlich?	☐ a) 14 Jahre ☐ b) 18 Jahre ☐ c) 21 Jahre
38. Welches Mindestalter ist für Patentbewerber für Segelfahrzeuge erforderlich?	☐ a) 14 Jahre ☐ b) 16 Jahre ☐ c) 18 Jahre
39. Darf ein Patentinhaber der Kat. „A“ ein Fahrgastschiff führen?	☐ a) ja, wenn er 21 Jahre alt ist und das Fahrzeug für maximal 12 Fahrgäste zugelassen ist ☐ b) ja, ohne Einschränkung ☐ c) nein
40. Welches Mindestalter ist für Patentinhaber der Kat. „A“ erforderlich, um Fahrgastschiffe mit max. 12 Personen-Zulassung zu führen?	☐ a) 21 Jahre ☐ b) 18 Jahre ☐ c) 25 Jahre

Zulassungsbestimmungen

41. Welche Fahrzeuge unterliegen der Untersuchungs- und Zulassungspflicht?	☐ a) alle Fahrzeuge auf dem Bodensee ☐ b) alle motorbetriebenen Fahrzeuge sowie alle Fahrzeuge mit Koch- oder sanitärer Einrichtung ☐ c) alle Segelfahrzeuge

Fragen:	Antworten:
42. Wann erlischt die Zulassung von Vergnügungsfahrzeugen mit Maschinenantrieb?	☐ a) überhaupt nicht ☐ b) nach 3 Jahren ☐ c) nach 5 Jahren
43. Wann müssen zugelassene Fahrzeuge erneut untersucht werden?	☐ a) in der Regel nach 3 Jahren oder bei baulichen Veränderungen ☐ b) bei Eignerwechsel ☐ c) nicht mehr
44. Welche wichtigen Ausrüstungsgegenstände müssen sich an Bord eines zugelassenen Wasserfahrzeuges auf dem Bodensee befinden?	☐ a) die in der Zulassungsurkunde vorgeschriebenen ☐ b) die ich für notwendig erachte ☐ c) ist nicht gesetzlich vorgeschrieben
45. Welche Anforderungen hinsichtlich des Umweltschutzes werden an die für den Bodensee zugelassenen Fahrzeuge gestellt?	☐ a) Lärm- und Abgasgrenzwerte müssen eingehalten werden, Abwasserentsorgung nur an Land zugelassen ☐ b) Abwasser kann in den Bodensee entsorgt werden ☐ c) keine besonderen, ist mir selbst überlassen
46. Welche Anforderungen hinsichtlich des Gewässerschutzes werden an die für den Bodensee zugelassenen Fahrzeuge gestellt?	☐ a) keine besonderen, ist mir selbst überlassen ☐ b) Fäkalien, Abwasser und Abfall müssen ordnungsgemäß an Land entsorgt werden ☐ c) Abwasser ohne Öl kann in den Bodensee entsorgt werden
47. Ab welcher Bootslänge muss ein Boot ohne Maschinenantrieb, Wohn-, Koch- und sanitäre Einrichtung bei der Zulassungsstelle registriert werden?	☐ a) alle Fahrzeuge auf dem Bodensee ☐ b) alle Fahrzeuge ab einer Länge von 2,00 m ☐ c) alle Fahrzeuge ab einer Länge von 2,50 m, ausgenommen Surfbretter, Paddel- und Rennruderboote ohne Motor
48. Wieviele Rettungsmittel müssen sich an Bord eines Vergnügungsfahrzeuges befinden?	☐ a) soviele wie Personen an Bord sind ☐ b) soviel wie in der Zulassungsurkunde stehen ☐ c) ist mir nach eigener Beurteilung freigestellt

Fragen:	Antworten:
49. Welchen Wert darf das Betriebsgeräusch eines Motors in dB (A) nicht überschreiten?	☐ a) 75 dB (A) in 20 m seitl. Entfernung ☐ b) 25 dB (A) in 50 m seitl. Entfernung ☐ c) 72 dB (A) in 25 m seitl. Entfernung
50. Welche Fahrzeuge müssen mit Behältern zur Aufnahme von Fäkalien, Abwasser und Abfällen ausgerüstet sein?	☐ a) Fahrzeuge mit Koch- und Sanitäreinrichtungen ☐ b) alle Fahrzeuge ☐ c) offene Kielboote
51. Was gilt für Fahrzeuge mit Maschinenantrieb bei erstmaliger Zulassung seit dem 1. 1. 1993 auf dem Bodensee?	☐ a) Abgastypenprüfbescheinigung für den Motor erforderlich ☐ b) Wasserliegeplatz erforderlich ☐ c) nur noch Innenbordmotoren zugelassen
52. Muss bei der Verlegung des Liegeplatzes in den Bereich einer anderen für die Zulassung zuständigen Behörde die Ausstellung einer neuen Zulassungsurkunde beantragt werden?	☐ a) nein, keine Regelung ☐ b) ja, innerhalb von 2 Monaten ☐ c) nur wenn ich neue Kennzeichen beantrage
53. Wann kann die zuständige Behörde die Zulassung entziehen?	☐ a) bei Motorenreparatur ☐ b) wenn Fahrzeug nicht mehr den Vorschriften entspricht ☐ c) bei Patententzug

Besatzung und Kennzeichen

54. Welche Aufgaben und Pflichten hat ein Mitglied der Schiffsmannschaft zu erfüllen?	☐ a) alle Anordnungen des Schiffsführers sind zu befolgen ☐ b) es hat zur Einhaltung der Bodensee-Schifffahrts-Ordnung beizutragen ☐ c) alle Anordnungen des Schiffsführers im Rahmen seiner Verantwortung sind zu befolgen
55. Welche Anweisungen des Schiffsführers haben die an Bord befindlichen Personen zu befolgen, die nicht zur Schiffsmannschaft gehören?	☐ a) alle Anordnungen, die der Sicherheit und Ordnung an Bord dienen ☐ b) keine ☐ c) alle Anordnungen

richtige Antworten:

Antworten:

56. ☐ a) ☒ b) ☐ c)

nit ei-
verse-

- ☐ a) alle Fahrzeuge mit Besegelung
- ☐ b) alle Fahrzeuge über 2,5 m Länge, ausgenommen Surfbretter, Paddelboote, Rennruderboote ohne Motor
- ☐ c) alle Wasserfahrzeuge

57. ☒ a) ☐ b) ☐ c)

ür Was-
Boden-

- ☐ a) Landratsämter Konstanz, Lindau, und Bodenseekreis
- ☐ b) Wasserschutzpolizei und Ortspolizeibehörden
- ☐ c) Hafenbehörde

58. ☐ a) ☐ b) ☒ c)

eichen

- ☐ a) 10 cm
- ☐ b) 12 cm
- ☐ c) 8 cm

59. ☐ a) ☒ b) ☐ c)

ange-

- ☐ a) ist dem Eigner überlassen
- ☐ b) an gut sichtbarer Stelle auf beiden Seiten des Schiffes
- ☐ c) am Bug oder Heck

60. ☐ a) ☒ b) ☐ c)

, Pad-
e ge-

- ☐ a) mit amtlichen Kennzeichen
- ☐ b) mit Namen und Anschrift des Eigners
- ☐ c) mit Namen des Besitzers

iften

61. ☒ a) ☐ b) ☐ c)

hat
r Bo-
e dass
d?

- ☐ a) allgemeine Sorgfaltspflicht, keine Behinderung und Gefährdung anderer
- ☐ b) keine
- ☐ c) nur Pflichten, die das eigene Fahrzeug betreffen

62. ☐ a) ☒ b) ☐ c)

ten der

- ☐ a) nein
- ☐ b) ja, zur Abwendung einer unmittelbaren Gefahr
- ☐ c) nur am Tag und bei guter Sicht

63. ☒ a) ☐ b) ☐ c)

hren

- ☐ a) Schifferpatent, Zulassungsurkunde oder Bootsausweis
- ☐ b) keine
- ☐ c) Abgastypenprüfbescheinigung

Fragen:	**Antworten:**
64. Mit welchen Maßnahmen kann der Sportbootfahrer zur Reinhaltung des Bodensees beitragen?	☐ a) keine wassergefährdenden Stoffe in den Bodensee einbringen ☐ b) Reinigen mit biologisch abbaubaren Mitteln ☐ c) zur Treibstoffersparnis den Motor nur im niedrigen Drehzahlbereich fahren
65. Wie hat sich ein Schiffsführer, der an einem Unfall beteiligt war, zu verhalten?	☐ a) Schiff neu vermessen lassen ☐ b) Angaben über seine Person und über die Art seiner Beteiligung ermöglichen ☐ c) immer Meldung bei der Polizei
66. Welchen Abstand müssen Sie bei Längsfahrten mit Ihrem Motorboot vom Ufer einhalten (ausgenommen Boote mit Elektroantrieb bis 2 kW?	☐ a) mindestens 300 m ☐ b) mindestens 100 m ☐ c) mindestens 250 m
67. Was müssen Sie beim Reinigen Ihrer Wasserfahrzeuge beachten?	☐ a) nur biologisch abbaubare Reinigungsmittel verwenden ☐ b) nur mit Wasser reinigen ☐ c) keine besonderen Vorschriften
68. Worauf sollten Sie beim Anbringen eines Unterwasseranstriches an Ihrem Boot achten?	☐ a) jedes Jahr neu streichen ☐ b) nur wenn erforderlich streichen, gewässerschonende Farben verwenden ☐ c) möglichst mit Organo-Zinn-Farben streichen
69. Welche Anforderungen werden an die Maschinenanlage auf Ihrem Fahrzeug hinsichtlich des Umweltschutzes gestellt?	☐ a) Bilge darf als Ölauffangwanne benützt werden ☐ b) Lärm- und Abgasgrenzwerte einhalten ☐ c) Fahrzeug und Motor müssen jährlich untersucht werden
70. Welche Fahrzeuge sind „fahrend“ oder „in Fahrt befindlich“?	☐ a) Fahrzeuge, die die Segel gesetzt haben ☐ b) Fahrzeuge, deren Motor in Betrieb ist ☐ c) Fahrzeuge, die weder mittelbar noch unmittelbar vor Anker liegen, nicht am Ufer festgemacht haben oder auf Grund sitzen

Fragen:	Antworten:
71. Wem müssen Sie eine Gewässerverunreinigung melden?	☐ a) dem Schifffahrtsamt ☐ b) der nächsterreichbaren Polizeidienststelle ☐ c) dem Hafenmeister
72. Innerhalb welcher Frist ist der Verkauf eines Wasserfahrzeuges der zuständigen Behörde zu melden?	☐ a) innerhalb eines Monats ☐ b) innerhalb von 14 Tagen ☐ c) innerhalb eines Jahres
73. Welche Angaben sind der zuständigen Behörde beim Verkauf eines Wasserfahrzeuges zu machen?	☐ a) Anschrift des Erwerbers und zukünftiger Standort ☐ b) keine besonderen ☐ c) der Kaufpreis
74. Welche Pflichten zur Hilfeleistung bei der Rettung von Menschen und in Seenot geratener Fahrzeuge bestehen für Schiffsführer und Besatzung?	☐ a) unverzüglich Hilfe leisten ☐ b) sofort Gefahrenbereich verlassen ☐ c) wenn Hilfe nicht möglich, keine weiteren Pflichten
75. Welche Fahrgeschwindigkeit darf mit Wasserfahrzeugen auf dem Bodensee höchstens gefahren werden?	☐ a) 20 km/h ☐ b) Obersee 40 km/h, Untersee 20 km/h ☐ c) 40 km/h
76. Welche Geschwindigkeitsbeschränkungen für Vergnügungsfahrzeuge gelten auf den Rheinstrecken „Seerhein" und „Alter Rhein"?	☐ a) 10 km/h ☐ b) Bergfahrt 10 km/h, Talfahrt 20 km/h ☐ c) keine
77. Ist das Wasserskifahren auf den Rheinstrecken erlaubt?	☐ a) nein ☐ b) nur bei Tag und klarer Sicht erlaubt ☐ c) Mindestabstand zum Ufer 50 m
78. Welche Einschränkungen bestehen für die maschinenbetriebene Schifffahrt im Uferbereich?	☐ a) beim An- bzw. Ablegen kürzesten Weg nehmen, Höchstgeschwindigkeit 10 km/h ☐ b) keine besonderen, allgemeine Sorgfaltspflicht ☐ c) Ankerverbot, stillliegen nicht erlaubt

Fragen:	Antworten:
79. Welche Regeln müssen beim Ankern auf dem Bodensee außerhalb bewilligter Liegeplätze beachtet werden?	☐ a) ohne Erlaubnis nicht länger als 24 Std. am gleichen Ort ☐ b) keine besonderen Regeln ☐ c) länger als 24 Stunden stillliegen nur erlaubt, wenn die Schifffahrt nicht behindert wird
80. Wo dürfen Sie Wasserski fahren?	☐ a) keine Einschränkung ☐ b) außerhalb der Uferzone oder in dafür vorgesehene Wasserskistartgassen ☐ c) nur im Obersee
81. Wer ist für Fahrzeug und Ausrüstung verantwortlich?	☐ a) der Eigner ☐ b) der Schiffsführer ☐ c) der Rudergänger
82. Wieviele Personen müssen auf dem Fahrzeug sein, das einen Wasserskifahrer schleppt?	☐ a) der Schiffsführer und eine geeignete Person ☐ b) nur der Schiffsführer ☐ c) wird durch den Schiffsführer entschieden
83. Welchen Mindestabstand müssen Sie zu Beständen von Wasserpflanzen wie Binsen, Schilf und Seerosen einhalten?	☐ a) 50 m ☐ b) 25 m ☐ c) 30 m

Schallzeichen

84. Ein entgegenkommendes Schiff gibt einen kurzen (o) Ton; welche Absicht will es Ihnen kundtun?	☐ a) richte meinen Kurs nach Steuerbord ☐ b) behalte meinen Kurs bei ☐ c) richte meinen Kurs nach Backbord
85. Sie befinden sich mit Ihrem Fahrzeug in der Schifffahrtslinie; der Motor lässt sich nicht anwerfen und ein anderes Fahrzeug nähert sich Ihnen. Welche Signalgebung ist erforderlich?	☐ a) 7 lange Töne ☐ b) 4 kurze Töne ☐ c) 1mal lang pro Minute
86. Sie geraten mit Ihrem Vergnügungsfahrzeug in ein größeres Nebelfeld; welche Signalgebung und andere Maßnahmen sind erforderlich?	☐ a) langsam fahren, Ausguck stellen, Lichter führen, 1 langer Ton/Min. geben, Ruhe an Bord ☐ b) Lichter führen, 2 lange Töne/Min. ☐ c) Folge langer Töne

Fragen:	Antworten:
87. Sie hören auf der Fahrt mit Ihrem Vergnügungsfahrzeug eine Folge langer (– – – – –) Töne; welche Situation ist gegeben und welche Maßnahmen leiten Sie ein?	☐ a) Fahrzeug ist manövrierunfähig, ich weiche aus ☐ b) Fahrzeug ist in Seenot, helfen oder Hilfe holen ☐ c) Fahrzeug befindet sich im Nebelfeld, langsam fahren
88. Wie lautet das Hafeneinfahrtssignal der Vorrangfahrzeuge?	☐ a) ein langer Ton ☐ b) drei lange Töne ☐ c) drei kurze Töne
89. Wie lautet das Notsignal?	☐ a) ein langer und zwei kurze Töne ☐ b) eine Folge langer Töne ☐ c) vier kurze Töne
90. Wie können Sie einem anderen Fahrzeug akustisch signalisieren, dass Sie Ihren Kurs beibehalten wollen?	☐ a) ein langer Ton ☐ b) vier kurze Töne ☐ c) drei kurze Töne
91. Sie wollen mit Ihrem Vergnügungsfahrzeug rückwärts ablegen. Welches Signal müssen Sie erforderlichenfalls geben?	☐ a) 3 kurze Töne ☐ b) 1 langer und 1 kurzer Ton ☐ c) 4 kurze Töne
92. Sie wollen einem entgegenkommenden Schiff nach Backbord ausweichen; welches Signal ist erforderlichenfalls zu geben?	☐ a) 2 kurze Töne ☐ b) 1 langer und 1 kurzer Ton ☐ c) 1 kurzer Ton
93. Mit welchen optischen Signalen können Sie eine Notsituation auf Ihrem Fahrzeug anderen anzeigen?	☐ a) Schwenken eines Lichts, roter Flagge, Abschießen einer roten Rakete oder ähnliches ☐ b) weiße Rakete, weißes Blitzlicht ☐ c) Positionslichter mehrmals an- und ausschalten
94. Mit welchen akustischen Signalen können Sie eine Notsituation auf Ihrem Fahrzeug anderen Fahrzeugen anzeigen?	☐ a) Folge langer Töne ☐ b) 4 kurze Töne ☐ c) zweimal lang pro Minute

Fragen:	**Antworten:**
95. Ein Schleppverband gibt in der Nähe eines Hafens drei lange (– – –) Töne; was beabsichtigt der Schleppverband und wie müssen Sie sich verhalten?	☐ a) der Schleppverband will in den Hafen einlaufen, Vorfahrt gewähren ☐ b) Schleppverband gibt Nebelsignal, vorsichtig ☐ c) Schleppverband stoppt, ausweichen
96. Aufgrund der Fahrwasserverhältnisse wollen Sie mit einem entgegenkommenden Fahrzeug eine Vorbeifahrt „Steuerbord an Steuerbord" durchführen; wie geben Sie Ihre Absicht dem entgegenkommenden Schiff bekannt?	☐ a) ich gebe 2 kurze Töne ☐ b) ich gebe 1 kurzen Ton ☐ c) ich gebe 1 langen Ton
97. An welchen Signalen können Sie erkennen, dass Sie sich in der Nähe eines Hafens befinden? Es herrscht Nebel.	☐ a) 7 lange Töne ☐ b) 2 kurze Töne 3mal pro Min. oder Glockenschläge ☐ c) 4 kurze Töne
98. Welche Bedeutung haben vier kurze Töne (oooo) nach der BodenseeSchO?	☐ a) Schiff will rückwärts ablegen ☐ b) Schiff ist manövrierunfähig ☐ c) Schiff ist in Not
99. Welche Bedeutung hat das Signal 2 kurze Töne dreimal in der Minute?	☐ a) Nebelsignal der Häfen, Landestellen und Nebelwarnanlagen ☐ b) Nebelsignal der Berufsfischerboote ☐ c) Nebelsignal der Vorrangschiffe
100. In unmittelbarer Nähe hören Sie von einem Schiff drei kurze (ooo) Töne; welches Manöver wird angezeigt und worauf müssen Sie achten?	☐ a) Schiff will nach backbord ausweichen, ich muss Vorfahrt gewähren ☐ b) Schiff will rückwärts ablegen, ich muss mich freihalten ☐ c) Schiff ist manövrierunfähig
101. Sie nähern sich einem anderen Fahrzeug, das 4 kurze Töne abgibt; welche Situation liegt vor und wie sollten Sie sich verhalten?	☐ a) Schiff ist in Not, ich helfe ☐ b) Schiff ist manövrierunfähig, ich weiche aus ☐ c) Schiff ändert seinen Kurs nach steuerbord, ich weiche nach backbord aus
102. Bei Nebelfahrt hören Sie zwei lange (– –) Töne in der Minute. Welche Bedeutung hat dieses Signal und wie müssen Sie sich verhalten?	☐ a) Nebelsignal der Vorrangschiffe, besondere Aufmerksamkeit ist geboten ☐ b) Signal der Häfen, vorsichtig sein ☐ c) Berufsfischer am Netz, 50 m Abstand halten

Fragen:	Antworten:
103. Sie wollen mit Ihrem Fahrzeug den Hafen verlassen; welche Signalgebung ist ggf. erforderlich?	☐ a) 3 lange Töne ☐ b) 1 langer Ton ☐ c) 2 lange Töne
104. Einem entgegenkommenden Fahrzeug wollen Sie nach Steuerbord ausweichen; wie geben Sie dies besonders zu erkennen?	☐ a) ich gebe 2 kurze Töne ☐ b) ich gebe 1 kurzen Ton ☐ c) ich gebe 1 langen Ton
105. Wie lautet das Brückendurchfahrtssignal?	☐ a) 1 langer Ton ☐ b) 2 kurze Töne ☐ c) 3 kurze Töne
106. Ein Fahrzeug in der Nähe gibt drei lange (– – –) Töne; was beabsichtigt es und wie müssen Sie sich erforderlichenfalls verhalten?	☐ a) Vorrangschiff will in den Hafen einlaufen, Vorrang gewähren ☐ b) Vorrangschiff will den Hafen verlassen, warten ☐ c) Fahrzeug manövrierunfähig, Hilfe anbieten
107. Wie lange dauert ein kurzer Ton?	☐ a) 2 Sekunden ☐ b) 1 Sekunde ☐ c) eine halbe Sekunde
108. Sie hören im Nebel einen langen Ton in der Min.; welche Bedeutung hat dieses Signal und wie müssen Sie sich verhalten?	☐ a) Nebelsignal eines Vergnügungsfahrzeuges, ebenfalls Signal geben, vorsichtig fahren ☐ b) Schiff will in den Hafen einlaufen, warten ☐ c) Nebelsignal eines Vorrangfahrzeuges, ausweichen
109. Sie hören auf der Fahrt bei Nebel ein anhaltendes Läuten einer Glocke; worauf können Sie schließen und wie sollten Sie sich verhalten?	☐ a) Fischerboot am Netz, vorsichtig ☐ b) ich befinde mich in der Nähe eines Hafens, vorsichtig ☐ c) Ankerlieger, vorsichtig
110. Welche Bedeutung hat ein kurzer Ton (o)?	☐ a) ich richte meinen Kurs nach Steuerbord ☐ b) Achtungssignal ☐ c) Nebelsignal eines Vergnügungsfahrzeuges

Fragen:	Antwortten:
111. Welches Nebelsignal gibt ein Vergnügungsfahrzeug?	☐ a) 1 langer Ton pro Minute ☐ b) 2 kurze Töne pro Minute ☐ c) 2 lange Töne pro Minute
112. Wie lautet das Signal „Meine Maschine geht rückwärts"?	☐ a) 4 kurze Töne ☐ b) 3 kurze Töne ☐ c) 1 langer Ton
113. Wie lange dauert ein langer Ton?	☐ a) 6 Sekunden ☐ b) 4 Sekunden ☐ c) 2 Sekunden

Lichter- und Flaggenführung

114. Nennen Sie die Sichtweite eines „Hellen Lichtes" weißer Farbe!	☐ a) 4 km ☐ b) 6 km ☐ c) 3 km
115. Nennen Sie die Sichtweite eines „Hellen Lichtes roter und grüner Farbe"!	☐ a) 3 km ☐ b) 1,5 km ☐ c) 2 km
116. Nennen Sie die Sichtweite eines „Gewöhnlichen Lichtes" weißer Farbe?	☐ a) 3 km ☐ b) 1,5 km ☐ c) 2 km
117. Nennen Sie die Sichtweite eines „Gewöhnlichen Lichtes" roter und grüner Farbe!	☐ a) 2 km ☐ b) 1,5 km ☐ c) 1 km
118. Nennen Sie die Sektorenbereiche der einzelnen Fahrtlichter!	☐ a) Topplicht 360°, Seitenlichter 135°, Hecklicht 35° ☐ b) Topplicht 225°, Seitenlichter 112,5°, Hecklicht 135° ☐ c) Topplicht 200°, Seitenlichter 100°, Hecklicht 60°
119. Welches sind die erforderlichen Fahrtlichter von Vergnügungsfahrzeugen mit Maschinenantrieb über 4,4 kW gemäß BSchO? (Sektoren – Sichtweite – Farbe)	☐ a) Topplicht 225°, 2 km, weiß, Seitenlichter 112,5°, 1,5 km Bb. rot, Stb. grün, Hecklicht 135°, 2 km, weiß ☐ b) Topplicht 360°, 3 km, weiß, Seitenlichter 135°, 2 km, Bb. rot, Stb. grün, Hecklicht 65°, 2 km, weiß ☐ c) Topplicht 360°, 2 km, weiß, Seitenlichter 1,5 km, Bb. grün, Stb. rot

Fragen:	**Antworten:**
120. Welche Lichterführung ist für Segelfahrzeuge unter Motor bis 4,4 kW bei Fahrt in der Nacht oder bei unsichtigem Wetter vorgeschrieben?	☐ a) 1 weißes Rundumlicht ☐ b) bei Annäherung eines anderen Fahrzeuges ein weißes Licht zeigen ☐ b) ein rotes und grünes Sektorenlicht
121. Welche Lichterführung ist für Segelfahrzeuge bei Nacht und unsichtigem Wetter unter Segel vorgeschrieben?	☐ a) 1 weißes Rundumlicht ☐ b) Zweifarbenlicht ☐ c) bei Annäherung eines anderen Fahrzeuges weißes Licht zeigen
122. Wann muss ein Fahrzeug in Fahrt zwei Hecklichter führen?	☐ a) nicht festgelegt ☐ b) wenn ein Hecklicht nicht über den gesamten Horizontbogen von 135° sichtbar ist ☐ c) wenn das Heck zu tief eintaucht
123. Welche Erleichterungen für Vergnügungsfahrzeuge mit Maschinenantrieb bis 4,4 kW bestehen hinsichtlich der Lichterführung?	☐ a) es genügt 1 weißes Rundumlicht ☐ b) es können gewöhnliche Lichter geführt werden ☐ c) keine
124. Wie sind stillliegende Fahrzeuge zur Nachtzeit oder bei unsichtigem Wetter außerhalb von Häfen zu kennzeichnen – Ankerlieger –?	☐ a) rot/weißes Licht ☐ b) 2 weiße Lichter übereinander ☐ c) durch ein weißes Rundumlicht
125. Welche Lichterführung ist für ein geschlepptes Fahrzeug vorgeschrieben und wie muss das Schleppfahrzeug gekennzeichnet sein?	☐ a) weißes Rundumlicht, Schlepper die Lichter seiner Fahrzeugart ☐ b) keine besondere ☐ c) Schleppfahrzeug führt gelbes Blinklicht
126. Welche Lichterführung ist für Wasserfahrzeuge ohne Maschinenantrieb in der Nacht vorgeschrieben?	☐ a) rot/weißes Licht ☐ b) weißes Topp- und Hecklicht ☐ c) ein weißes Rundumlicht
127. Woran ist während der Nacht ein Vorrangfahrzeug zu erkennen?	☐ a) 2 weiße Rundumlichter ☐ b) 1 weißes und 1 grünes Rundumlicht ☐ c) an einem grünen Rundumlicht

Fragen:	Antworten:
128. Ein blaues Blinklicht kommt auf Ihrem Fahrkurs in Sicht; was ist gegeben und welche Maßnahme müssen Sie erforderlichenfalls treffen?	☐ a) Einsatzfahrt der Polizei, Ölwehr, Rettungsdienst – ausweichen und genügend Raum geben, notfalls anhalten ☐ b) Fahrzeug will entgegen der Regel ausweichen, Signal geben ☐ c) Fahrzeug mit gefährlichen Gütern, ausweichen
129. Woran können Sie erkennen, dass sich ein fremdes Schiff in einer Notlage befindet und Hilfe benötigt?	☐ a) durch rote Lichtsignale, Folge langer Töne ☐ b) 4 kurze Töne, rot/weiße Flagge ☐ c) Folge kurzer Töne
130. Welche Form und Mindestgröße müssen die in der BodenseeSchO genannten Flaggen aufweisen?	☐ a) rechteckig mindestens 60 mal 60 cm ☐ b) rechteckig mindestens 50 mal 50 cm ☐ c) dreieckig, Kantenlänge 50 cm
131. Wie ist ein Vorrangschiff während der Tagzeit gekennzeichnet?	☐ a) grün/weiße Flagge ☐ b) durch einen grünen Ball, Ø mindestens 50 cm ☐ c) weißer Ball, Ø mindestens 50 cm
132. Woran können Sie die Fahrzeuge der Berufsfischer beim Fang erkennen?	☐ a) weißer Ball, Ø mindestens 30 cm ☐ b) weiße Flagge ☐ c) rote Flagge, 60 mal 60 cm
133. Wie sind die Fahrzeuge der Sportfischer, die mit einer Schleppangel fischen, zu erkennen?	☐ a) weißer Ball, Ø 30 cm ☐ b) an einer weißen Flagge, 60 mal 60 cm ☐ c) rote Flagge, 60 mal 60 cm
134. Auf Ihrem Fahrkurs kommt ein Baggerschiff in Sicht; es hat zwei weiße Flaggen übereinander gesetzt. Worauf ist besonders bei der Vorbeifahrt zu achten?	☐ a) Gefahr durch Anker, Abstand halten ☐ b) Saugleitung liegt im Wasser ☐ c) Taucher im Wasser
135. Auf Ihrem Fahrkurs sehen Sie ein Motorboot, auf dem ein Besatzungsmitglied eine rote Flagge im Kreis schwenkt. Welche Situation ist gegeben und welche Maßnahmen müssen Sie treffen?	☐ a) Fahrzeug in Not, Hilfe leisten oder holen ☐ b) Fahrzeug ist manövrierunfähig, ausweichen ☐ c) Motorboot möchte einen Wasserskiläufer starten, ausweichen

Fragen:	Antworten:
136. Sie fahren während der Nacht in Ufernähe; auf Ihrem Fahrkurs kommen zwei weiße Lichter übereinander in Sicht. Was für eine Situation ist gegeben?	☐ a) Fahrzeuge bzw. schwimmende Anlagen mit gefährlicher Verankerung ☐ b) ankerndes Schiff, ausweichen ☐ c) Berufsfischer bei der Arbeit, Abstand halten
137. Auf Ihrem Fahrkurs sehen Sie bei Nacht ein rotes Licht kreisen; in größeren Zeitabständen steigen in der Nähe des roten Lichtes rote Leuchtkugeln auf; welche Situation liegt an und was müssen Sie tun?	☐ a) Schiff in Not, Hilfe leisten oder Hilfe holen ☐ b) Übungen der Polizei/Ölwehr und Rettungsdienst, Abstand halten ☐ c) Fahrzeug ist mövrierunfähig, ausweichen
138. Im Fachen zwischen Ermatingen und Gottlieben auf der Bergfahrt kommt ein Arbeitsschiff in Sicht, das an seiner Backbordseite und an seiner Steuerbordseite je eine rot/weiße Flagge gesetzt hat. Wie müssen Sie sich verhalten?	☐ a) ich kann an beiden Seiten langsam vorbeifahren ☐ b) ich muss Signalisierung zur Vorbeifahrt abwarten ☐ c) ich muss Hilfe holen
139. Im Winterweg des Schwanenhalses liegt ein verankertes Baggerschiff, das an seiner Backbordseite eine rote Flagge und an seiner Steuerbordseite eine rot/weiße Flagge gesetzt hat. Wie müssen Sie sich verhalten?	☐ a) ich kann nur an der Steuerbordseite vorsichtig vorbeifahren ☐ b) ich kann beidseitig langsam vorbeifahren ☐ c) ich muss Hilfe holen
140. Im Seerhein vor Gottlieben kommen auf Ihrem Fahrkurs talwärts bei Nacht etwas über der Wasseroberfläche zwei rote Lichter, darunter zwei weiße Lichter in Sicht. Welche Situation liegt an und wie müssen Sie sich verhalten?	☐ a) Gefahrenstelle, beidseitig vorsichtiges Vorbeifahren möglich ☐ b) Strandbad, Abstand halten ☐ c) Ich muss Hilfe holen
141. Sie sehen am Ufer einen weißblauen Doppelstander aufgestellt. Was bedeutet dies?	☐ a) Arbeitsstelle der Schifffahrtsverwaltung ☐ b) Tauchstelle von Land aus, Mindestabstand 50 m ☐ c) Schiffslandestelle, Sog und Wellenschlag vermeiden

Fragen:	Antworten:
142. Ein stillliegendes Fahrzeug auf dem Bodensee hat einen weißblauen Doppelstander gesetzt. Welche Bedeutung hat diese Flagge?	☐ a) Fahrzeug ist bei Vermessungsarbeiten, vorsichtig vorbeifahren ☐ b) Tauchstelle vom Fahrzeug aus, Mindestabstand 50 m ☐ c) Ölwehr im Einsatz, langsam vorbeifahren
143. Sie sehen voraus mehrere weiße Blitzlichter. Welche Bedeutung haben diese?	☐ a) Schiffslandestelle ☐ b) Schifffahrtshindernisse oder Absperrungen kommen in Sicht ☐ c) Fischernetze sind dort ausgelegt
144. Wozu dient die Lichterführung in der Schifffahrt?	☐ a) damit der Schiffsführer besser sehen kann ☐ b) um Art und Kurs eines anderen Fahrzeugs zu erkennen ☐ c) dient der Sicherheit der Besatzung an Deck
145. Sie sehen nachts ein weißes Licht voraus; was kann dies sein?	☐ a) Hecklicht eines vorausfahrenden Fahrzeuges ☐ b) Vorrangfahrzeug ☐ c) Fischernetz
146. Was verstehen Sie unter dem Begriff „stillliegen“?	☐ a) Fahrzeug, das unmittelbar vor Anker liegt oder am Ufer festgemacht ist ☐ b) Motorboot, das ohne Antrieb auf dem Bodensee treibt ☐ c) Segelboot hat die Segel geborgen
147. Wann müssen Lichter geführt werden?	☐ a) wenn die Sonne untergeht ☐ b) von Sonnenuntergang bis Sonnenaufgang und bei unsichtigem Wetter ☐ c) bei Begegnung
148. Wie sind zur Nachtzeit und bei unsichtigem Wetter die Hafeneinfahrten gekennzeichnet?	☐ a) von See gesehen Bbd. grün, Stb. rot ☐ b) von See gesehen Bbd. rotes Licht und Stb. grünes Licht ☐ c) durch weiße Blitzlichter

Fragen: / **Antworten:**

149. Wie sind zur Nachtzeit und bei unsichtigem Wetter die Landestellen, die dem öffentlichen Verkehr dienen, gekennzeichnet?

- ☐ a) grünes Licht, darüber rotes Licht gelbes Ansteuerlicht möglich
- ☐ b) rotes Licht, darüber grünes Licht gelbes Ansteuerlicht möglich
- ☐ c) zwei rote Lichter untereinander, grünes Ansteuerlicht möglich

Schifffahrtszeichen

150. Welche Bedeutung hat dieses Schifffahrtszeichen?

- ☐ a) Verbot der Durchfahrt oder gesperrte Wasserfläche für Fahrzeuge aller Art
- ☐ b) Achtung Schifffahrtshindernis
- ☐ c) Taucher im Wasser

151. Welche Bedeutung hat dieses Schifffahrtszeichen?

- ☐ a) Nachtbezeichnung für Verbot der Durchfahrt oder gesperrte Wasserfläche für alle Wasserfahrzeuge
- ☐ b) Achtung Schifffahrtshindernis
- ☐ c) gefährliche Verankerung

152. Welche Bedeutung hat dieses Schifffahrtszeichen?

- ☐ a) Verbot der Durchfahrt oder gesperrte Wasserfläche für Fahrzeuge mit Maschinenantrieb
- ☐ b) Liegeverbot für Motorfahrzeuge
- ☐ c) reduzierte Geschwindigkeit, gilt nur für Vergnügungsfahrzeuge

153. Welche Bedeutung hat dieses Schifffahrtszeichen?

- ☐ a) Wasserskilauf mit Einschränkungen möglich
- ☐ b) Verbot des Wasserskifahrens
- ☐ c) Verbot des Wasserskilaufens bei Nacht und unsichtigem Wetter

Fragen:	**Antworten:**
154. Welche Bedeutung hat dieses Schifffahrtszeichen? 	☐ a) Verbot des Segelsurfbrettfahrens, ☐ b) Verbot des Segelsurfbrettfahrens ist aufgehoben ☐ c) Startgasse für Segelsurfbrettfahrer
155. Welche Bedeutung hat dieses Schifffahrtszeichen? 	☐ a) Überholverbot ☐ b) Begegnungsverbot an Engstellen ☐ c) Begegnungs- und Überholverbot
156. Welche Bedeutung hat dieses Schifffahrtszeichen? 	☐ a) Verbot des Begegnens und Überholverbot ☐ b) Begegnen verboten ☐ c) Strecke ist in beiden Richtungen gesperrt
157. Welche Bedeutung hat dieses Schifffahrtszeichen? 	☐ a) Ankerverbot ☐ b) Liegeverbot ☐ c) Passieren verboten
158. Welche Bedeutung hat dieses Schifffahrtszeichen? 	☐ a) Ankerverbot ☐ b) Ankerverbot aufgehoben ☐ c) Ankerverbot gilt nur für Vorrangschiffe

Fragen:	**Antworten:**
159. Welche Bedeutung hat dieses Schifffahrtszeichen? 	☐ a) Anlegen verboten ☐ b) Festmacheverbot ☐ c) Stillliegen verboten
160. Welche Bedeutung hat dieses Schifffahrtszeichen? 	☐ a) Überholverbot ☐ b) Wendeverbot ☐ c) Begegnungsverbot
161. Welche Bedeutung hat dieses Schifffahrtszeichen? 	☐ a) Wellenbrettfahren und Schleppen verboten ☐ b) Verbot, schädlichen Sog und Wellenschlag zu erzeugen ☐ c) Badeverbot
162. Welche Bedeutung hat dieses Schifffahrtszeichen? 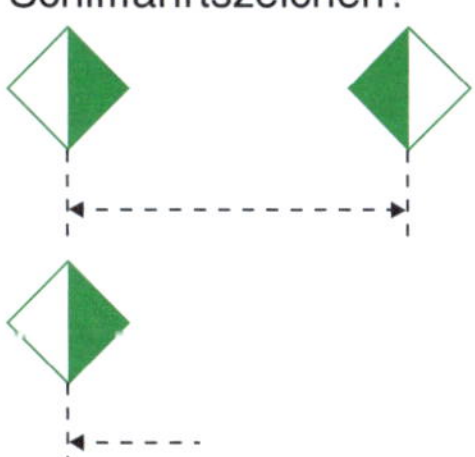	☐ a) Ich soll auf der weißen Seite bleiben, grün gekennzeichnete Wasserfläche ist sehr flach ☐ b) Empfehlung, sich auf der mit „grün“ bezeichneten Seite zu halten ☐ c) Keine Bedeutung, gilt nur für Vorrangfahrzeuge
163. Welche Bedeutung hat dieses Schifffahrtszeichen? 	☐ a) Erlaubnis zum Stillliegen ☐ b) Liegeplätze für Fahrgastschiffe ☐ c) Liegeplatz für Polizeiboote

Fragen:	**Antworten:**
164. Welche Bedeutung hat dieses Schifffahrtszeichen? 	☐ a) Stillliegen und Festmachen möglich ☐ b) Erlaubnis zum Ankern ☐ c) Hinweiszeichen auf eine Bootswerft
165. Welche Bedeutung hat dieses Schifffahrtszeichen? 	☐ a) Ende eines Verbots oder Gebots ☐ b) Stillliegen nicht erlaubt ☐ c) Queren verboten
166. Welche Bedeutung hat dieses Schifffahrtszeichen? 	☐ a) in der Uferzone ist Wasserskilaufen erlaubt ☐ b) Erlaubnis zum Wasserskifahren ☐ c) nur Monoski erlaubt
167. Welche Bedeutung hat dieses Schifffahrtszeichen? 	☐ a) Erlaubnis zum Segelsurfbrettfahren ☐ b) Startgasse für Segelsurfbrettfahrer ☐ c) Hinweis auf eine Surfschule
168. Welche Bedeutung hat dieses Schifffahrtszeichen? 	☐ a) Pfeil zeigt an, in welcher Richtung das Schifffahrtszeichen „Erlaubnis zum Stillliegen“ gilt ☐ b) Pfeil zeigt an, dass das Zeichen hier endet ☐ c) Pfeil zeigt an, dass in dieser Richtung Liegeverbot besteht

Fragen:	**Antworten:**
169. Welche Bedeutung hat dieses Schifffahrtszeichen? 	☐ a) Achtung, es kommt eine Zolldienststelle ☐ b) Anhalten zwecks Zollabfertigung ☐ c) Zollfreie Zone
170. Welche Bedeutung hat dieses Schifffahrtszeichen? 	☐ a) Liegeverbot im Umkreis von 30 m ☐ b) nach 30 m beginnt das Liegeverbot ☐ c) Liegeverbot für mehr als 30 Wasserfahrzeuge
171. Welche Bedeutung haben diese Schifffahrtszeichen? 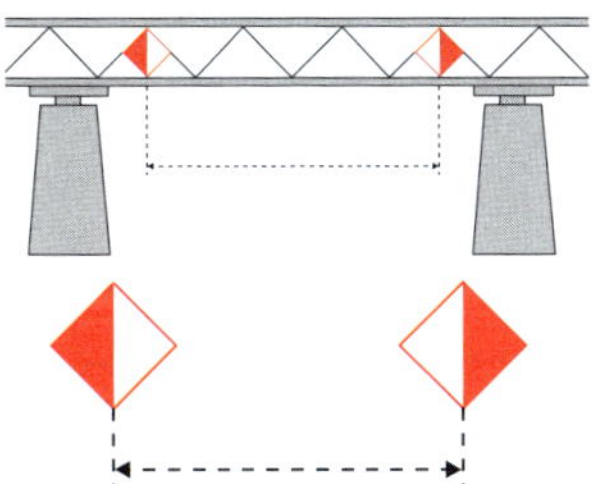	☐ a) Empfehlung, innerhalb der weißen Seite zu bleiben ☐ b) Verbot, außerhalb der angezeigten Begrenzung zu fahren ☐ c) Brückendurchfahrt gesperrt
172. Welche Bedeutung hat dieses Schifffahrtszeichen? 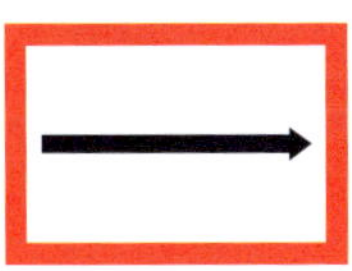	☐ a) Verbot, in diese Richtung zu fahren ☐ b) Gebot, die durch den Pfeil angezeigte Richtung einzuschlagen ☐ c) Begegnungsverbot
173. Welche Bedeutung hat dieses Schifffahrtszeichen? 	☐ a) Gebot, unter bestimmten Umständen anzuhalten ☐ b) Vorsicht walten zu lassen ☐ c) Schallzeichen geben

Fragen:	Antworten:
174. Welche Bedeutung hat dieses Schifffahrtszeichen? 	☐ a) Seezeichen mit Ordnungszahl 12; dient der Orientierung ☐ b) Gebot, die in km/h angegebene Geschwindigkeit nicht zu überschreiten ☐ c) 12 m Uferabstand einhalten
175. Welche Bedeutung hat dieses Schifffahrtszeichen? 	☐ a) Anhalten ☐ b) Gebot, ein Schallzeichen zu geben ☐ c) Vorsicht walten lassen
176. Welche Bedeutung hat dieses Schifffahrtszeichen? 	☐ a) Gebot, anhalten ☐ b) Gebot, besondere Vorsicht walten lassen ☐ c) Schallzeichen geben
177. Welche Bedeutung hat dieses Schifffahrtszeichen? 	☐ a) beschränkte Durchfahrtshöhe ☐ b) auf den mittleren Brückenpfeiler achten ☐ c) mit Gegenverkehr ist zu rechnen
178. Welche Bedeutung hat dieses Schifffahrtszeichen? 	☐ a) an beiden Seiten des Fahrwassers nicht stillliegen ☐ b) beschränkte Durchfahrtsbreite ☐ c) Überholverbot

Fragen: | **Antworten:**

179. Welche Bedeutung hat dieses Schifffahrtszeichen?

- ☐ a) nicht schneller als 40 km/h fahren
- ☐ b) mindestens 40 m Abstand vom rechten Ufer einhalten
- ☐ c) ab hier 40 Liegeplätze vorhanden

---

180. Welche Bedeutung hat dieses Schifffahrtszeichen?

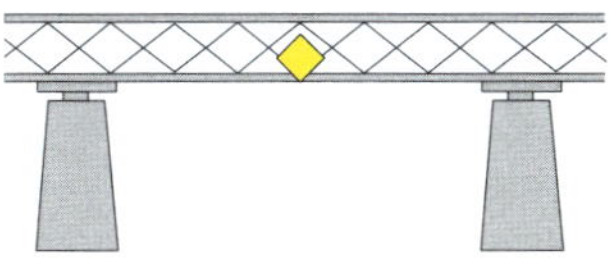

- ☐ a) empfohlene Durchfahrtsöffnung bei Brücken für Verkehr in beiden Richtungen
- ☐ b) Durchfahrt nur in Talfahrt möglich
- ☐ c) Brücke in Fahrtrichtung gesperrt

---

181. Welche Bedeutung hat dieses Schifffahrtszeichen?

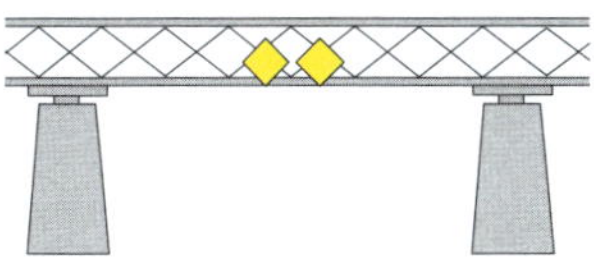

- ☐ a) Durchfahrt in beiden Richtungen möglich
- ☐ b) empfohlene Durchfahrtsöffnung bei Brücken für Verkehr nur in der Richtung, in der die Zeichen sichtbar sind
- ☐ c) Brückendurchfahrtshöhe beachten

---

182. Welche Bedeutung hat dieses Schifffahrtszeichen?

- ☐ a) Kennzeichen der Mindestwassertiefen. Bei 2,5 m am Konstanzer Pegel ist seewärts der markierten Stelle eine Mindestwassertiefe von 2 m. Die Zahl auf der Tafel entspricht der in der Bodensee-Schifffahrtskarte der Vereinigten Schifffahrtsverwaltungen eingetragenen Ordnungsnummer.
- ☐ b) Wassertiefe 71 m
- ☐ c) Uferabstand 71 m

---

183. Worauf muss ein Schiffsführer in der Nähe dieser Schifffahrtszeichen besonders achten?

- ☐ a) auf Untiefen und Schifffahrtshindernisse
- ☐ b) gesperrte Wasserfläche
- ☐ c) Entfernung zum Ufer 300 m

Fragen: | **Antworten:**

184. Welchen Schutz genießen die Schifffahrtszeichen?

- ☐ a) keinen besonderen, sie sind zu beachten
- ☐ b) Festmachen, Verändern, Beschädigen und Entfernen verboten
- ☐ c) Sog- und Wellenschlag vermeiden

Ausweich- und Fahrregeln für Motorboote

185. Wer darf zuerst in den Hafen einfahren (weiß oder schwarz)?

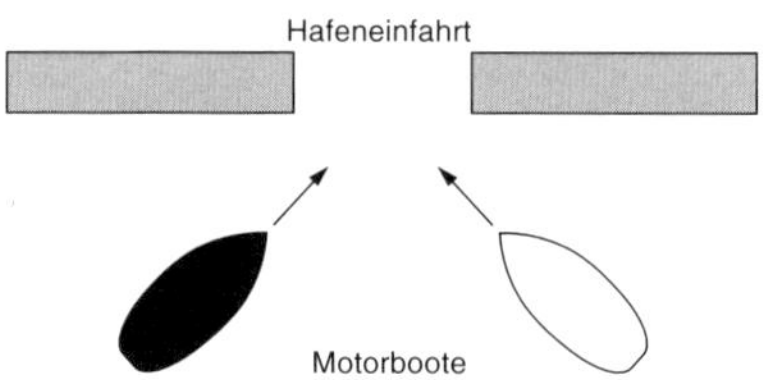

- ☐ a) schwarz, weil von Backbord kommend
- ☐ b) weiß, weil von Steuerbord kommend
- ☐ c) wer der Einfahrt am nächsten ist

186. Wer muss ausweichen (weiß oder schwarz)?

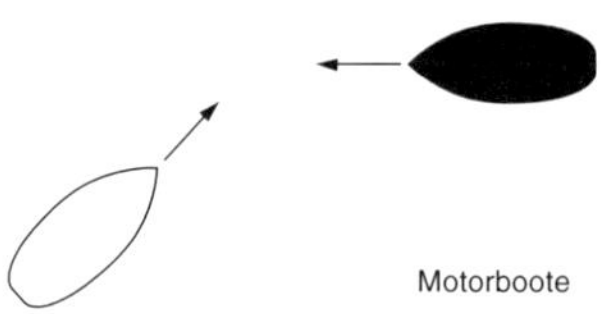

- ☐ a) weiß
- ☐ b) schwarz
- ☐ c) der Langsamere

187. Wie wird nach der Regel ausgewichen?

- ☐ a) nach Steuerbord
- ☐ b) nach Backbord
- ☐ c) nach Signalgebung

188. Was ist zu beachten, wenn entgegen der Regel ausgewichen werden soll?

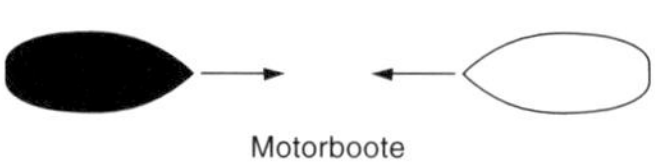

- ☐ a) mit blauer Flagge signalisieren
- ☐ b) rechtzeitig 2 kurze Töne geben
- ☐ c) 1 langen und 1 kurzen Ton geben

Fragen:	Antworten:

189. Wer muss ausweichen?

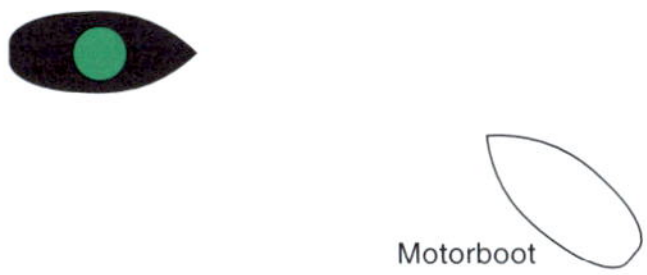

- ☐ a) Fahrzeug mit grünem Licht
- ☐ b) Motorboot
- ☐ c) beide Fahrzeuge nach der Regel

190. Welches Fahrzeug hat Wegerecht?

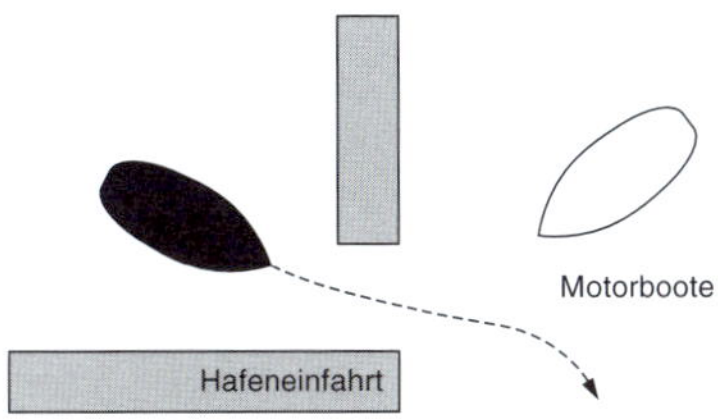

- ☐ a) das Ausfahrende
- ☐ b) das Einlaufende
- ☐ c) das von Steuerbord kommende

191. Welches Fahrzeug hat Wegerecht?

- ☐ a) das von Steuerbord kommende Boot
- ☐ b) Fahrzeug mit grünem Licht (Vorangfahrzeug)
- ☐ c) nicht besonders geregelt

192. Welches Fahrzeug hat Wegerecht?

- ☐ a) Fahrzeug mit grünem Ball (Vorrangfahrzeug)
- ☐ b) das von Backbord kommende
- ☐ c) keine besondere Regelung

193. Welche Bedeutung hat dieses Licht?

- ☐ a) Fahrzeug mit gefährlicher Ladung, ausweichen
- ☐ b) Taucher unter Wasser, Abstand halten
- ☐ c) Einsatzfahrzeug mit hoheitlichen Aufgaben, ausweichen, notfalls anhalten

Fragen: | **Antworten:**

194. Wer hat Wegerecht?

☐ a) Fahrzeug mit weißem Ball (Berufsfischer)
☐ b) das Fahrzeug ohne weißen Ball
☐ c) der von Steuerbord Kommende

195. Wer muss ausweichen?

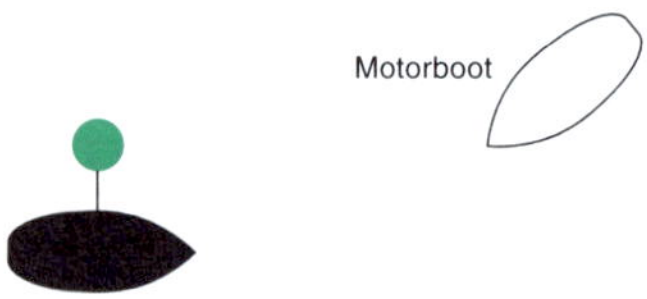

☐ a) Motorboot
☐ b) Fahrzeug mit grünem Ball
☐ c) beide Fahrzeuge nach der Regel Steuerbord vor Backbord

196. Wer muss ausweichen?

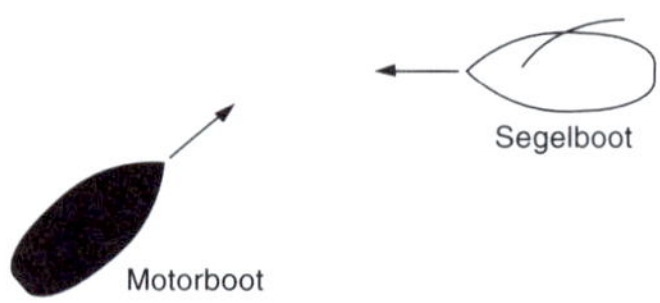

☐ a) Segelboot
☐ b) Motorboot
☐ c) nicht geregelt

197. Wie wird überholt und was muss der Überholte beachten?

☐ a) an Steuerbordseite, der zu Überholende muss langsamer werden
☐ b) an beiden Seiten mit Abstand möglich, der zu Überholende muss Kurs und Geschwindigkeit beibehalten
☐ c) nicht geregelt

198. Wie hat sich das Motorboot gegenüber dem Boot, das das blaue Blinklicht zeigt, zu verhalten?

☐ a) Vorfahrt gewähren, notfalls anhalten
☐ b) anhalten zwecks Kontrolle
☐ c) Taucherarbeiten, 200 m Abstand halten

Fragen:	**Antworten:**
199. Wie hat sich ein Motorboot gegenüber dem Fischerboot, das einen weißen Ball gesetzt hat, zu verhalten?	☐ a) Mindestabstand 50 m ☐ b) ausweichen, achtern Mindestabstand 200 m ☐ c) nach den allgemeinen Fahrregeln, Obacht auf Angeln

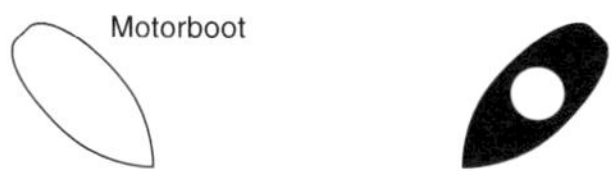

200. Welchen Sicherheitsabstand haben Sportfahrzeuge (Vergnügungsfahrzeuge) gegenüber Fahrzeugen, die einen weißen Ball führen, einzuhalten?	☐ a) grundsätzlich 50 m, achtern 200 m Mindestabstand ☐ b) nicht festgelegt ☐ c) seitlich 30 m

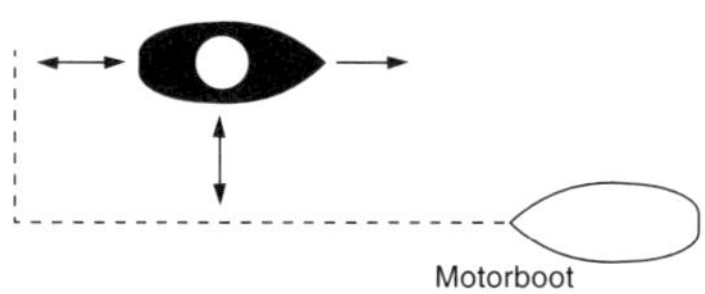

201. Wie hat sich ein Motorboot gegenüber einem Fischerboot zu verhalten, das eine weiße Flagge gesetzt hat?	☐ a) nach den allgemeinen Fahrregeln, Abstand halten, da achtern Schleppangeln ☐ b) Vorfahrt gewähren ☐ c) Abstand von 50 m einhalten

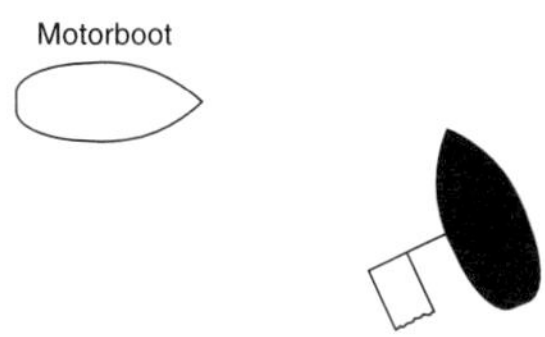

202. Wie hat sich ein Motorboot gegenüber einem Ruderboot zu verhalten?	☐ a) dem Ruderboot ausweichen ☐ b) vorsichtig, Ruderboot muss ausweichen ☐ c) Steuerbordseite vor Backbordseite

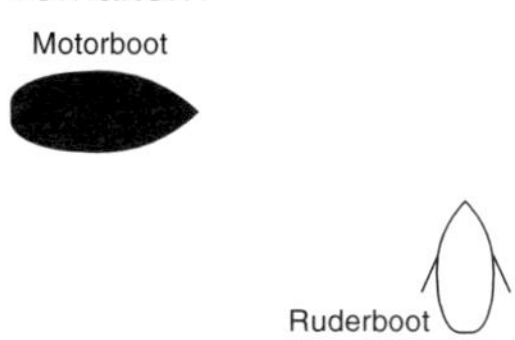

Fragen:	**Antworten:**
203. Welche Einschränkungen sind beim Wasserskifahren zu beachten? 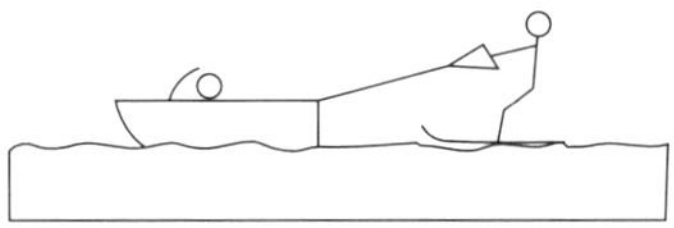	☐ a) zur Nachtzeit und bei unsichtigem Wetter verboten ☐ b) nur im Uferbereich erlaubt ☐ c) keine besonderen Einschränkungen
204. Welchen Sicherheitsabstand haben Motorboote gegenüber Schleppverbänden einzuhalten? 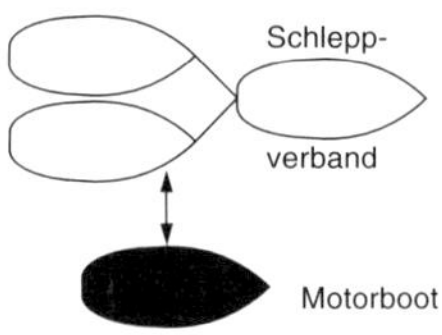	☐ a) Mindestabstand 200 m ☐ b) Mindestabstand 50 m ☐ c) Mindestabstand 100 m
205. Wie hat sich ein Motorboot gegenüber einem Schleppverband zu verhalten? 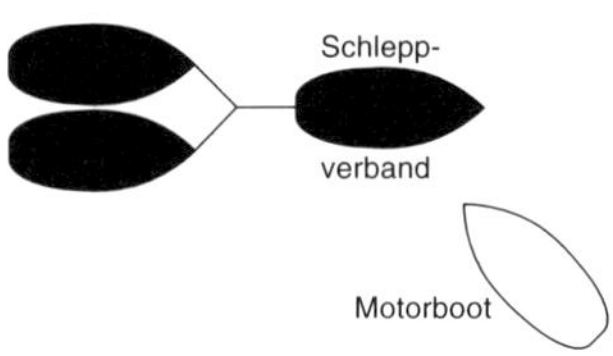	☐ a) ausweichen, Vorfahrt gewähren ☐ b) nach den allgemeinen Fahrregeln ☐ c) keine besonderen Regeln
206. Wie haben sich Motorboote beim Wasserskifahren gegenüber Badenden zu verhalten? 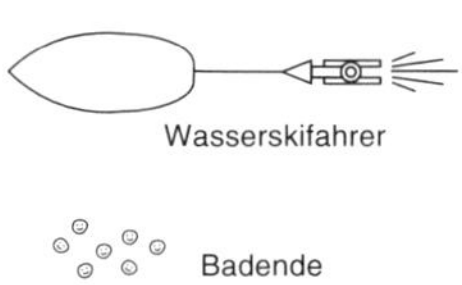	☐ a) Mindestabstand 50 m ☐ b) Mindestabstand 25 m ☐ c) Mindestabstand 100 m

Fragen:	**Antworten:**

207. Wie haben sich Motorboote beim Wasserskifahren gegenüber anderen Fahrzeugen zu verhalten?

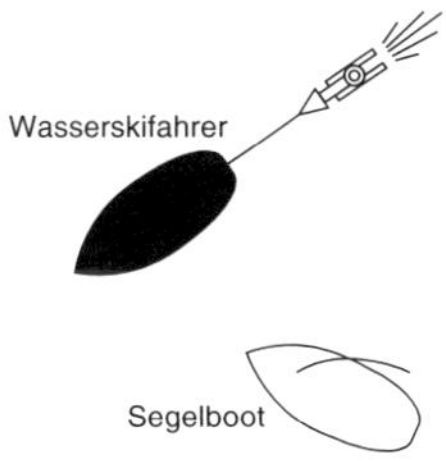

- ☐ a) keine besonderen Regeln
- ☐ b) Mindestabstand 50 m zu anderen Fahrzeugen
- ☐ c) Sie sind bevorrechtigt

208. Welche Regeln sind beim Ein- und Ausfahren in und aus Häfen zu beachten?

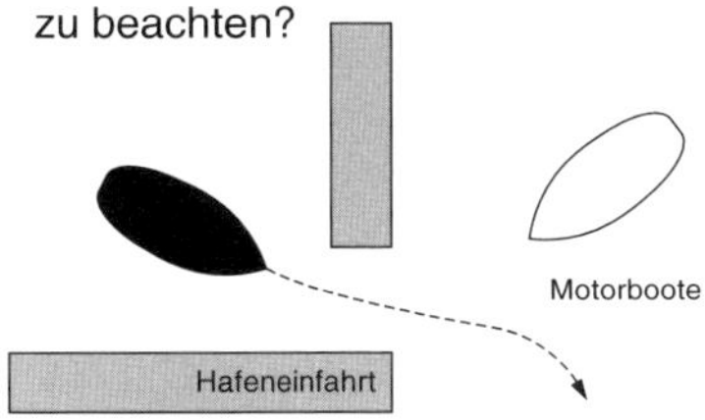

- ☐ a) Ausfahrt vor Einfahrt bei gleichrangigen Fahrzeugen
- ☐ b) Einfahrt vor Ausfahrt bei gleichrangigen Fahrzeugen
- ☐ c) wer zuerst Signal gibt, hat Vorrecht

209. Welches Boot hat Wegerecht?

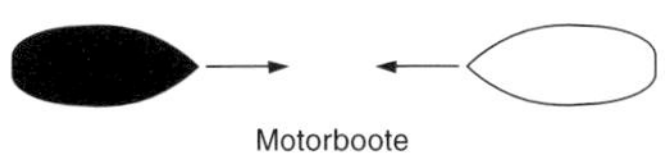

- ☐ a) keines, beide weichen nach Steuerbord aus
- ☐ b) der schneller Fahrende
- ☐ c) das Boot, das nach Westen fährt

210. Welches Boot hat Wegerecht?

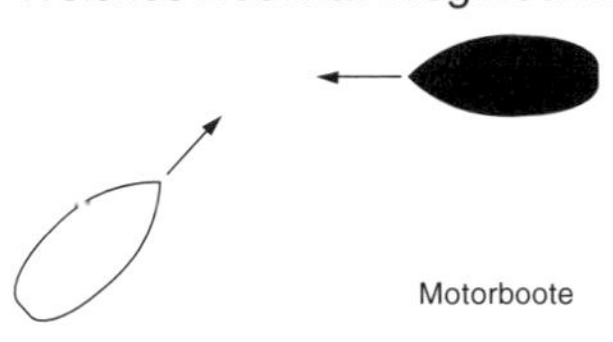

- ☐ a) schwarz, da Steuerbord vor Backbord
- ☐ b) weiß, da Backbord vor Steuerbord
- ☐ c) nicht geregelt

211. Ein Fahrzeug kommt Ihrem Fahrzeug so entgegen, dass die Gefahr eines Zusammenstoßes besteht; es gibt einen langen Ton. Was beabsichtigt der Entgegenkommende und wie sollen Sie darauf reagieren?

- ☐ a) Er will nach Stbd. ausweichen, ich weiche ebenfalls nach Stbd. aus
- ☐ b) Er will seinen Kurs beibehalten, ich weiche aus; Signalgebung: 1 kurzer Ton nach Stbd., 2 kurze Töne nach Bbd.
- ☐ c) Er will nach Bbd. halten, ich kann meinen Kurs beibehalten

Fragen:	**Antworten:**
212. Wann darf überholt werden? 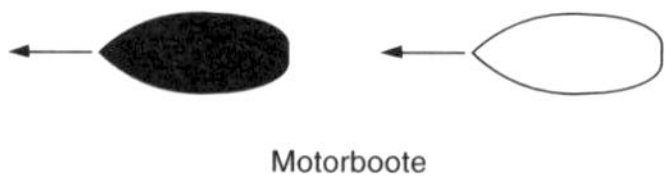 	☐ a) nicht vorgeschrieben ☐ b) wenn ohne Gefahr möglich und die Fahrwasserverhältnisse dies zulassen ☐ c) nur zur Tagzeit und bei sichtigem Wetter
213. Wer hat Wegerecht? 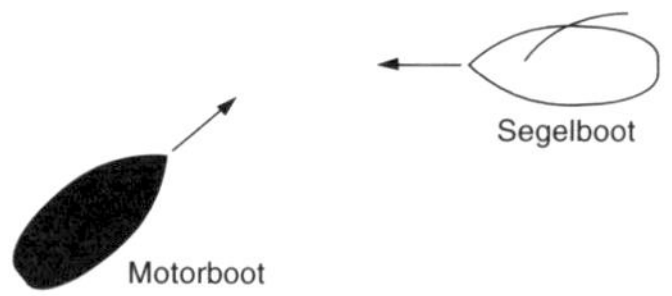 	☐ a) Motorboot ☐ b) Segelboot ☐ c) kommt auf die Lichterführung an
214. Wer hat Wegerecht? 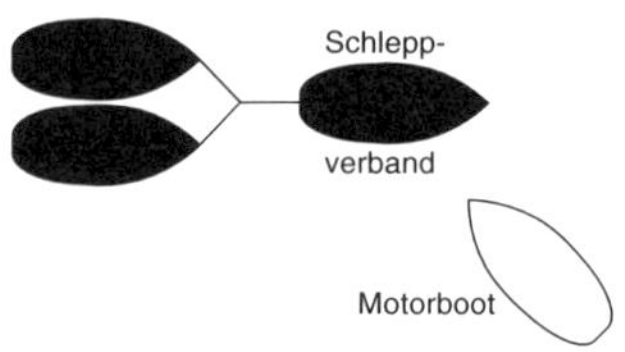 	☐ a) Schleppverband ☐ b) der von Steuerbord Kommende ☐ c) der Schnellere
215. Was ist beim Überholen eines Schleppverbandes zu beachten? 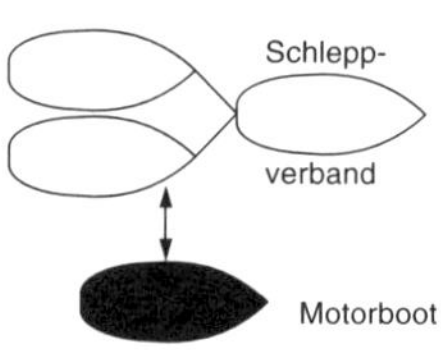 	☐ a) ausreichenden Sicherheitsabstand, ohne Sog und Wellenschlag ☐ b) rechtzeitig Zeichen geben ☐ c) nur nach Erlaubnis durch Schleppverbandsführer
216. Wer hat Wegerecht? 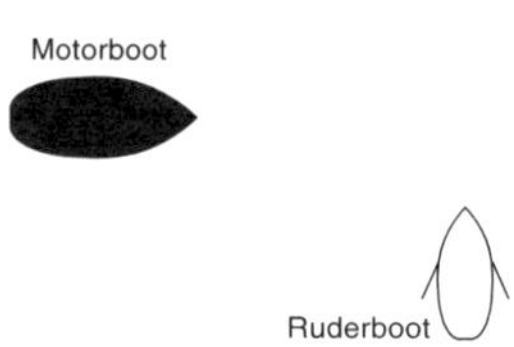 	☐ a) Motorboot ☐ b) Ruderboot ☐ c) der von Backbord kommt

Fragen:	Antworten:
217. Welches Fahrzeug hat Wegerecht? 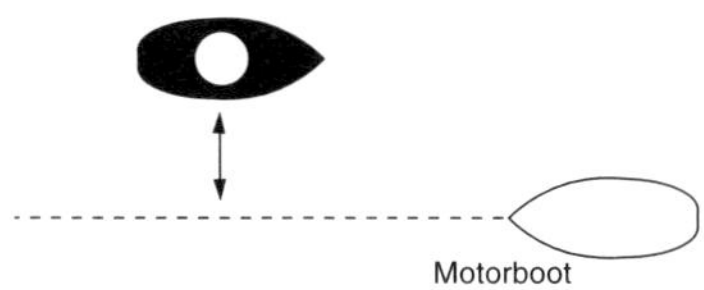	☐ a) Motorboot ☐ b) Berufsfischerboot mit weißem Ball, da Netz ausgelegt ☐ c) keines von beiden
218. Welches Boot hat Wegerecht? 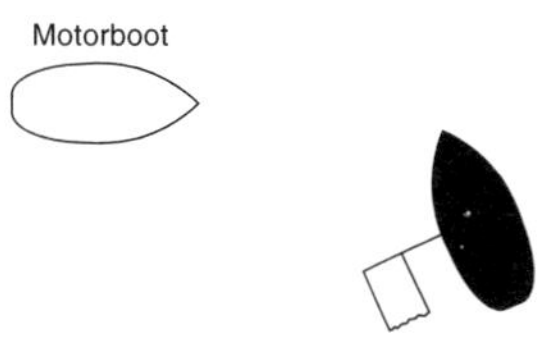	☐ a) Sportfischerboot, da von Steuerbord kommend ☐ b) Motorboot ☐ c) Wegerecht gemäß Abstimmung
219. Wer ist gegenüber Ruderbooten ausweichpflichtig?	☐ a) Segelfahrzeuge ☐ b) Vergnügungsfahrzeuge mit Maschinenantrieb ☐ c) nicht geregelt

Rheinstrecken (Alter Rhein / Seerhein)

220. Welche Fahrregeln sind bei der Durchfahrt von Wasserfahrzeugen unter Brücken zu beachten, wenn nicht genügend Raum zum Begegnen vorhanden ist?	☐ a) Schiff, das der Brücke am nächsten ist, hat Wegerecht ☐ b) Bergfahrer hat Wegerecht ☐ c) Talfahrer hat Wegerecht
221. Wie hoch ist die Höchstgeschwindigkeit für Fahrgastschiffe auf dem Alten Rhein?	☐ a) 10 km/h ☐ b) 20 km/h ☐ c) abhängig von der Berg- und Talfahrt
222. Wie haben sich Motorboote und Segelboote auf den Rheinstrecken beim Begegnen und Überholen grundsätzlich zu verhalten?	☐ a) Segelboote haben keinen besonderen Vorrang ☐ b) Motorboot muss grundsätzlich dem Segelboot ausweichen ☐ c) Segelboote unter voller Besegelung haben Vorrang

Fragen:	Antworten:
223. Nachts treffen Sie auf der Fahrt von Konstanz nach Ermatingen ein Hindernis an, das auf der einen Seite mit einem roten und auf der anderen Seite mit einem roten über einem weißen Licht gekennzeichnet ist. An welcher Seite können Sie passieren?	☐ a) die gefahrlose Vorbeifahrt ist beidseitig möglich ☐ b) die gefahrlose Vorbeifahrt ist nur auf der mit rot / weiß gekennzeichneten Seite möglich ☐ c) die gefahrlose Vorbeifahrt ist nur auf der mit rot gekennzeichneten Seite möglich
224. Wie haben sich Vergnügungsfahrzeuge und Segelfahrzeuge beim Begegnen auf den Rheinstrecken zu verhalten, wenn genügend Raum vorhanden ist?	☐ a) in der Regel nach Steuerbord ausweichen ☐ b) der Bergfahrer darf sich die Seite aussuchen ☐ c) grundsätzlich nach Backbord ausweichen
225. Welchen Mindestabstand haben Vergnügungsfahrzeuge beim Queren der Rheinstrecken vor dem Bug eines zu Tal bzw. zu Berg fahrenden Fahrgastschiffes mit Vorrang einzuhalten?	☐ a) zu Tal 300 m / zu Berg 200 m ☐ b) zu Tal 200 m / zu Berg 100 m Abstand ☐ c) kein Mindestabstand vorgeschrieben
226. Wie haben sich Vergnügungsfahrzeuge mit Maschinenantrieb gegenüber einem Ruderboot zu verhalten, das die Rheinstrecke quert?	☐ a) Ruderboot muss warten, da es nicht vorfahrtsberechtigt ist ☐ b) Ruderboot ist vorfahrtsberechtigt ☐ c) grundsätzlich gilt Steuerbord vor Backbord
227. Im Sommerweg des Schwanenhalses sehen Sie während der Talfahrt bei Nacht voraus ein rotes Licht in Sicht kommen; rechts daneben in gleicher Höhe sehen Sie ein weiteres rotes Licht, unter diesem ein weißes Licht. Welche Situation ist gegeben?	☐ a) schwimmendes Gerät, Fahrzeug bei der Arbeit oder gesunkenes Fahrzeug vor mir, an der rot-weißen Seite vorbeifahren ☐ b) Berufsfischer beim Auslegen seiner Netze ☐ c) Taucher bei der Arbeit, warten bis Signal kommt
228. Mit welcher Höchstgeschwindigkeit dürfen Sie auf dem Alten Rhein und dem Seerhein mit Ihrem Vergnügungsfahrzeug fahren?	☐ a) max. 10 km/h ☐ b) max 10 km/h Bergfahrt max. 20 km/h Talfahrt ☐ c) max. 30 km/h
229. Wie hoch sind die Brückendurchfahrten der Konstanzer alten Rheinbrücke? (Pegelstand 2,50 m)	Links Mitte Rechts ☐ a) 5,65 m, 6,95 m und 7,33 m ☐ b) 5,75 m, 6,15 m und 6,33 m ☐ c) 6,50 m, 7,15 m und 6,90 m

Fragen:	Antworten:
230. Was hat ein querendes Vergnügungsfahrzeug auf den Rheinstrecken bei gleichrangigen Fahrzeugen zu beachten?	☐ a) das querende Vergnügungsfahrzeug ist gegenüber dem Berg- und Talfahrer ausweich- oder wartepflichtig ☐ b) es gilt die Regel Steuerbord vor Backbord ☐ c) Querfahrer hat Wegerecht
231. Was haben querende Vergnügungsfahrzeuge gegenüber Fahrgastschiffen mit Vorrang auf den Rheinstrecken zu beachten?	☐ a) beim Queren halten Vergnügungsfahrzeuge zum Bug desTalfahrers mind. 200 m und zum Bug des Bergfahrers 100 m Abstand ☐ b) beim Queren hat das Vergnügungsfahrzeug zum Bug des Bergfahrers 200 m und zum Bug des Talfahrers 100 m Abstand einzuhalten ☐ c) kein Mindestabstand vorgeschrieben
232. Wie haben sich Vergnügungsfahrzeuge, auch Segelfahrzeuge, gegenüber einem querenden Ruderboot auf den Rheinstrecken zu verhalten?	☐ a) sie sind ausweich- oder wartepflichtig ☐ b) Segelboot hat Wegerecht und Motorboot ist ausweichpflichtig ☐ c) Ruderboot ist wartepflichtig
233. Wieviel Brücken überspannen den Seerhein?	☐ a) 1 Brücke ☐ b) 2 Brücken ☐ c) 3 Brücken
234. Mit welchen Schifffahrtszeichen wird auf dem Seerhein das Fahrwasser gekennzeichnet?	☐ a) mit rot/weißen auf dem Kopf stehenden Dreiecktafeln ☐ b) mit grün/weißen auf dem Kopf stehenden Vierecktafeln ☐ c) mit blau/weißen auf dem Kopf stehenden Vierecktafeln
235. Sie fahren von Ermatingen kommend Richtung Konstanz auf die neue Rheinbrücke für Radfahrer zu. Wie ist die empfohlene Brückendurchfahrt gekennzeichnet?	☐ a) mit einem grün/weißen Schifffahrtszeichen ☐ b) mit einem rot/weißen Schifffahrtszeichen ☐ c) mit einem gelben Schifffahrtszeichen
236. Wie ist die Geschwindigkeit auf den Rheinstrecken zu messen?	☐ a) bei Fahrt durchs Wasser (jeweils zum Wasser) ☐ b) jeweils zum Ufer (Fahrt über Grund) ☐ c) mit dem Log

Fragen:	Antworten:
237. Dürfen Sie auf dem Rhein einem entgegenkommenden Schiff nach Backbord ausweichen, wenn dies nach Steuerbord nicht möglich ist?	☐ a) nein, auf keinen Fall ☐ b) ja, ohne weiteres ☐ c) ja, nach rechtzeitiger Abgabe der vorgeschriebenen Schallzeichen
238. Sie begegnen mit Ihrem Vergnügungsfahrzeug bei der Talfahrt einem den Rhein querenden Ruderboot. Wer muss ausweichen?	☐ a) ich mit meinem Vergnügungsfahrzeug ☐ b) das Ruderboot ☐ c) der von Backbord kommende
239. Bei einer Engstelle auf den Rheinstrecken ist das gefahrlose Begegnen mit einem anderen gleichrangigen Schiff nicht möglich! Wer hat sich wie zu verhalten?	☐ a) der am nächsten an der Engstelle ist hat Wegerecht ☐ b) Bergfahrer hat Wegerecht, Talfahrer wartet ☐ c) Talfahrer hat Wegerecht, Bergfahrer wartet
240. muss sich der Führer eines Vergnügungsfahrzeugs zwingend an die grün gekennzeichnete Fahrwasserseite halten?	☐ a) nein, das Fahrwasserzeichen hat empfehlenden Charakter ☐ b) ja, zwingend vorgeschrieben ☐ c) das Fahren auf der weißen bezeichneten Seite ist zwingend vorgeschrieben
241. Sie befinden sich im Konstanzer Trichter und wollen die Alte Rheinbrücke im mittleren Bogen durchfahren. Heutiger Pegelstand 3,50 m. Schiffshöhe ab Wasserlinie 3 m. Wieviel lichte Höhe haben Sie zwischen Boot und Brücke?	☐ a) 2,15 m 6,15 – 1,00 = 5,15 – 3,00 = 2,15 ☐ b) 0,65 m 6,15 – 2,50 = 3,65 – 3,00 = 0,65 ☐ c) 0,83 m 6,33 – 2,50 = 3,83 – 3,00 = 0,83
242. Sie wollen mit Ihrem Vergnügungsfahrzeug bei Nacht den Rhein queren. Es nähert sich ein Wasserfahrzeug von Backbord, welches zu seiner üblichen Lichterführung ein grünes helles Rundumlicht zeigt. Wer ist ausweichpflichtig?	☐ a) ich mit meinem Vergnügungsfahrzeug ☐ b) das andere Wasserfahrzeug ☐ c) nicht geregelt

Fragen: | **Antworten:**

243. Wer hat beim Zusammentreffen im Bereich von Brücken immer das Wegerecht?

- ☐ a) bei gleichrangigen Fahrzeugen der Talfahrer
- ☐ b) Fischereifahrzeuge zu Vorrangfahrzeugen
- ☐ c) der Bergfahrer hat Wegerecht

244. Wo ist das Ankern auf den Rheinstrecken grundsätzlich verboten?

- ☐ a) nur dort, wo das Ankerverbotsschild steht
- ☐ b) im Bereich von Brücken, öffentlichen Landestellen sowie in Fahrrinnen und Fahrwasserengen
- ☐ c) das Ankern ist überall erlaubt

245. Auf der Rheinstrecke zwischen Gottlieben und Ermatingen sehen Sie ein festgekommenes Schiff. Das Fahrzeug hat an seiner Backbordseite eine rot / weiße Flagge gesetzt; die Steuerbordseite ist mit einer roten Flagge gekennzeichnet. An welcher Stelle ist das Passieren möglich?

- ☐ a) an Backbord
- ☐ b) an Steuerbord
- ☐ c) an beiden Seiten

246. Errechnen Sie den Abstand zwischen Oberkante Wasserfahrzeug und Brückenbogen bei der linken Brückendurchfahrt der alten Rheinbrücke Konstanz. Der Pegel liegt bei 3,40; die Höhe des Wasserfahrzeuges ab der Wasserlinie beträgt 3,00 m.

- ☐ a) 1,45 m — 5,75 − 3,40 = 2,35 − 0,90 = 1,45
- ☐ b) 2,75 m — 6,15 − 2,50 = 3,65 − 0,90 = 2,75
- ☐ c) 1,85 m — 5,75 − 3,00 = 2,75 − 0,90 = 1,85

247. Errechnen Sie die lichte Durchfahrtshöhe bei einem Pegel von 4,10 m bei der rechten Brückendurchfahrt zur alten Rheinbrücke Konstanz!

- ☐ a) 4,23 m — 4,10 − 2,00 = 2,10 ; 6,33 − 2,10 = 4,23
- ☐ b) 4,73 m — 4,10 − 2,50 = 1,60 ; 6,33 − 1,60 = 4,73
- ☐ c) 5,73 m — 4,10 − 1,50 = 2,60 ; 6,33 − 2,60 = 5,73

248. Errechnen Sie den Abstand zwischen Oberkante Wasserfahrzeug und Brückenbogen bei der mittleren Brückendurchfahrt der alten Rheinbrücke Konstanz. Der Pegel liegt bei 3,10 m; die Höhe des Wasserfahrzeuges ab der Wasserlinie beträgt 3,74 m.

- ☐ a) 1,81 m — 6,15 − 0,60 = 5,55 − 3,74 = 1,81
- ☐ b) 2,31 m — 6,15 − 2,00 = 4,15 − 1,84 = 2,31
- ☐ c) 3,19 m — 6,33 + 0,60 = 6,93 − 3,74 = 3,19

Fragen:	Antworten:
249. Errechnen Sie die lichte Durchfahrtshöhe bei einem Pegelstand von 3,23 m vor der mittleren Brückendurchfahrt zur alten Rheinbrücke Konstanz!	☐ a) 4,29 m 3,23 – 2,00 = 1,23; 6,15 – 1,23 = 4,29 ☐ b) 5,42 m 3,23 – 2,50 = 0,73; 6,15 – 0,73 = 5,42 ☐ c) 4,42 m 3,23 – 1,50 = 1,73; 6,15 – 1,73 = 4,42
250. Errechnen Sie die lichte Durchfahrtshöhe bei einem Pegelstand von 4,42 m vor der rechten Brückendurchfahrt zur alten Rheinbrücke Konstanz!	☐ a) 4,41 m 4,42 – 2,50 = 1,92; 6,33 – 1,92 = 4,41 ☐ b) 3,91 m 4,42 – 2,00 = 2,42; 6,33 – 2,42 = 3,91 ☐ c) 3,41 m 4,42 – 1,50 = 2,92; 6,33 – 2,92 = 3,41
251. Errechnen Sie die lichte Durchfahrtshöhe bei einem Pegelstand von 2,45 m vor der linken Brückendurchfahrt zur alten Rheinbrücke Konstanz!	☐ a) 6,38 m 2,50 – 2,45 = 0,05; 6,33 + 0,05 = 6,38 ☐ b) 6,20 m 2,50 – 2,45 = 0,05; 6,15 + 0,05 = 6,20 ☐ c) 5,80 m 2,50 – 2,45 = 0,05; 5,75 + 0,05 = 5,80

Praktische Seemannschaft

252. Welche Rechte und Pflichten hat der Schiffsführer an Bord?	☐ a) er hat die absolute Befehlsgewalt über Schiff und Besatzung ☐ b) er hat das Kommando über die Schiffsmannschaft und ist für die Sicherheit und Ordnung an Bord verantwortlich ☐ c) er muss ein Logbuch führen und hat das Sagen an Bord
253. Welche Fahrzeuge sind „stillliegend"?	☐ a) Fahrzeuge, die keine Fahrt machen ☐ b) Fahrzeuge, die unmittelbar oder mittelbar vor Anker liegen oder am Ufer festgemacht sind ☐ c) Fahrzeuge, die sich treiben lassen
254. Welches sind die Merkmale eines Verdrängerbootes?	☐ a) breiter Bootskörper, kurz, mit geringem Tiefgang ☐ b) langer, schmaler Bootskörper mit großem Tiefgang ☐ c) Boot mit 2 und mehr Rümpfen

Fragen:	Antworten:
255. Welches ist der wesentliche Unterschied zwischen einem Gleitboot und einem Verdrängerboot?	☐ a) Gleitboot gleitet leicht und schnell über das Wasser ☐ b) Gleitboot ist langsamer und bleibt mit dem Kiel stets im Wasser ☐ c) Gleitboot ist immer motorisiert
256. Wie verhalten sich Gleitboote bei geringer Fahrtstufe?	☐ a) sie sind schwer zu steuern ☐ b) sie werden zum Verdränger und erzeugen Wellen ☐ c) sie erzeugen einen hohen Lärmpegel
257. Was müssen Sie beim Schleppen eines anderen Fahrzeuges beachten?	☐ a) Rumpfgeschwindigkeit des geschleppten Fahrzeuges nicht überschreiten, nicht ruckartig anfahren, Schleppleine nicht vertörnen ☐ b) richtig festmachen, kurze Schleppleine, Signale geben und setzen ☐ c) möglichst schnell fahren
258. Wo wird am zweckmäßigsten die Schleppleine beim Geschleppten befestigt?	☐ a) Schleppleine muss von Hand geführt werden ☐ b) am Mast oder Mittschiffspoller ☐ c) am Bugkorb
259. Wann können Sie ein Fahrzeug nicht längsseits schleppen?	☐ a) bei grober See und ungleichen Fahrzeugtypen ☐ b) bei Fahrten durch den Seerhein ☐ c) bei ruhiger See
260. Was bezeichnet man als Tauwerk?	☐ a) Gesamtausdruck für sämtliche in der Schifffahrt verwendete Leinen ☐ b) Wanten, Stage und Festmacher ☐ c) Gesamtausdruck für die Besegelung
261. Aus welchen Materialien ist dehnungsfähiges Tauwerk?	☐ a) Draht oder Stahl ☐ b) Natur- oder Kunststofffasern ☐ c) Kevlar- oder Kohlefasern
262. Wozu wird ein Palstek verwendet?	☐ a) um ein festes Auge, das sich nicht zusammenzieht, herzustellen ☐ b) zum Verbinden zweier Leinenenden ☐ c) zum Verkürzen einer Leine

Fragen:	Antworten:
263. Wozu verwenden Sie einen Schotstek?	☐ a) zum Befestigen eines Fenders ☐ b) zum Verbinden zweier ungleich starker Leinenenden ☐ c) zum Festmachen an einem Pfahl
264. Wozu wird der Roringstek verwendet?	☐ a) zum Verbinden zweier gleich starker Leinenenden ☐ b) zum Festmachen an einem Ring ☐ c) zum Verbinden zweier Leinen-enden
265. Wozu wird der Kreuzknoten verwendet?	☐ a) zum Verbinden zweier gleich starker Leinenenden ☐ b) zum Festmachen an einem Kreuzpoller ☐ c) zum Verbinden zweier ungleich starker Schleppleinen
266. Welchen Anforderungen müssen seemännische Knoten gerecht werden?	☐ a) schnell und einfach zu machen und zu lösen, zuverlässig halten ☐ b) gut halten und wieder schwer lösbar sein ☐ c) sie müssen gut aussehen
267. Wozu wird der Achtknoten hauptsächlich verwendet?	☐ a) zum Verbinden zweier Leinen ☐ b) am Ende von Schoten, um das Ausrauschen an Blöcken und Ösen zu verhindern ☐ c) zum Befestigen eines Fenders
268. Wie lang müssen Sie die Ankerkette stecken?	☐ a) mindestens 3fache Wassertiefe ☐ b) mindestens 10fache Wassertiefe ☐ c) mindestens 1,5fache Wassertiefe
269. Dürfen Bestände von Wasserpflanzen wie Schilf etc. befahren werden?	☐ a) nein, in keinem Fall ☐ b) nicht geregelt ☐ c) muss ich selbst beurteilen
270. Wo dürfen Sie am Bodensee nicht ankern?	☐ a) in der Uferzone ☐ b) unter Brücken, vor Häfen und Landestellen ☐ c) im Flachwasserbereich
271. Wieviel Meter Ankerkette sollten Sie beim Ankern auf 4 m Wassertiefe stecken?	☐ a) 12 m ☐ b) 20 m ☐ c) 8 m

Fragen:	Antworten:
272. Welches Tauwerk muss eine hohe Bruchlast und Elastizität aufweisen?	☐ a) Schoten ☐ b) Ankerleinen, Festmacher, Schleppleinen ☐ c) Fallen
273. Was müssen Sie bei Nebel und unsichtigem Wetter tun?	☐ a) Ausguck stellen, Fahrt vermindern, Signalgebung, Lichter setzen, Ruhe an Bord ☐ b) auf Rheinstrecken nur mit langsamer Geschwindigkeit fahren ☐ c) Fahrt mit Vergnügungsfahrzeugen einstellen
274. Was ist bei Feuerlöschern zu beachten und wie oft müssen sie überprüft werden?	☐ a) sichere Halterung, jährliche Überprüfung ☐ b) sichere Halterung, periodische Überprüfung alle zwei Jahre ☐ c) keine Überprüfung notwendig
275. Wo sind Feuerlöscher an Bord unterzubringen?	☐ a) im Maschinenraum und in der Kajüte ☐ b) an gut zugänglichen Orten, an den Feuerausbruch unwahrscheinlich ist ☐ c) an Orten, wo Feuer am wahrscheinlichsten ausbricht
276. Was ist beim Ausbrechen eines Feuers an Bord unbedingt zu tun?	☐ a) sofort Notsignale geben und von Bord gehen ☐ b) Ruhe bewahren, Rettungsmittel anlegen, rechtzeitig Notsignale geben, versuchen das Feuer zu löschen ☐ c) sofort den Gefahrenbereich verlassen
277. Wie verhalten Sie sich bei Vergaserbränden?	☐ a) mit Wasser oder Feuerlöscher versuchen zu löschen ☐ b) Benzinhahn schließen, Vollgas geben, abdecken und den Brand mit einem Feuerlöscher löschen ☐ c) sofort das Boot verlassen
278. Was hat der Bootsführer vor Anlassen des Motors zu tun?	☐ a) Motorenraum und Bilge auf Booten mit Benzinmotoren gut belüften, auskuppeln ☐ b) Kontrolle, ob Tank gefüllt ist ☐ c) Batterie prüfen, auskuppeln

Fragen:	Antworten:
279. Welche Sicherheitsmaßnahmen sind beim Tanken von Benzin erforderlich?	☐ a) Feuer, offenes Licht und Rauchen verboten, Motor abstellen ☐ b) Schwimmwesten anlegen, Motor laufen lassen ☐ c) Bilgenpumpe einschalten, nicht rauchen
280. Was ist bei Gasanlagen an Bord zu beachten?	☐ a) dass sie fachgerecht eingebaut sind und alle 2 Jahre überprüft werden ☐ b) periodische Überprüfung alle 3 Jahre ☐ c) keine Überprüfung notwendig
281. Welche besonderen Gefahren können bei Flüssiggasanlagen auftreten?	☐ a) Flüssiggas ist schwerer als Luft und kann sich deshalb in der Bilge ansammeln, explosionsgefährlich ☐ b) keine besonderen Gefahren ☐ c) Flüssiggas ist leichter als Luft, keine besonderen Gefahren
282. Wo sollen Gasbehälter (Flaschen) gelagert bzw. installiert werden?	☐ a) in einem geschlossenen Raum mit einer Öffnung nach außenbords, über der Wasserlinie ☐ b) in einem Raum möglichst weit unten im Schiff ☐ c) im Maschinenraum
283. Wie kann die Brand- und Explosionsgefahr auf Sportbooten mit Koch- und Heizeinrichtungen vermindert werden?	☐ a) indem man sie alle 3 Jahre überprüfen lässt ☐ b) sorgfältige Bedienung und ständige Wartung ☐ c) indem man die Anlage nur im Hafen betreibt
284. Welche Anforderungen müssen die Rettungsmittel für Kinder unter 12 Jahren erfüllen?	☐ a) sie müssen im Handel zugelassen sein ☐ b) für Kinder unter 12 Jahren nur Rettungswesten mit Kragen erlaubt ☐ c) keine besonderen
285. Was für Sicherheitsmaßnahmen trifft der Bootsführer vor Hereinbrechen eines Sturmes?	☐ a) Luken und Öffnungen schließen, lose Gegenstände verstauen, Rettungswesten anziehen, Segel reffen ☐ b) alle Bootsinsassen unter Deck ☐ c) nach eigener Lagebeurteilung, keine besonderen

Fragen:	Antworten:
286. Wie verhalten Sie sich, wenn Sie vor Hereinbrechen des Sturmes keinen Schutzhafen mehr aufsuchen konnten?	☐ a) windgeschütztes Ufer aufsuchen oder freien Seeraum gewinnen, nicht auf Legerwall geraten ☐ b) am nächsten Seezeichen festmachen ☐ c) in der Uferzone ankern
287. Welche Maßnahmen muss der Bootsführer bei Nebelfahrten auf den Rheinstrecken treffen, wenn keines der beiden Ufer mehr sichtbar ist?	☐ a) auf den Rheinstrecken die Fahrt einstellen ☐ b) Ankern und stillliegen ☐ c) Lichter setzen, sonst keine Maßnahmen
288. Müssen Sie bei Nebel und unsichtigem Wetter die vorgeschriebenen Lichter führen?	☐ a) ja, immer ☐ b) ja, aber nur, wenn sich ein anderes Schiff nähert ☐ c) nein, nicht erforderlich
289. Wann dürfen Sie nach Kollisionen Ihre Fahrt fortsetzen?	☐ a) wenn keine Gefahr für Boot und Besatzung des anderen besteht und die Adressen ausgetauscht sind ☐ b) wenn an der Kollision ein Clubmitglied beteiligt ist ☐ c) wenn der Schiffsführer einen dringenden Termin einhalten muss
290. Was müssen Sie bei Unglücksfällen grundsätzlich beachten?	☐ a) keine Maßnahmen erforderlich ☐ b) zuerst Rettung von Personen, dann Bergung der Boote, Wasserschutzpolizei verständigen ☐ c) zuständiges Landratsamt benachrichtigen
291. Kann ich von einem auf dem Bodensee zugelassenen Schiff den Motor in ein anderes Schiff einbauen?	☐ a) ja, wenn das Fahrzeug eine Bodenseezulassung hat ☐ b) ja, aber nur mit einer gültigen Abgastypenprüfbescheinigung ☐ c) ja, wenn ein Wasserliegeplatz vorhanden ist
292. Womit dürfen Sie Ihr Boot im Wasser reinigen?	☐ a) mit Essigreiniger ☐ b) nur mit Wasser ☐ c) mit biologisch abbaubarer Schmierseife

Fragen:	Antworten:
293. Wie heißt dieser Ankertyp? 	☐ a) Stockanker ☐ b) Danforthanker ☐ c) Pflugscharanker
294. Mit welchen Fahrzeugen dürfen Sie näher als 300 m parallel zum Ufer fahren?	☐ a) Fahrzeuge mit Elektromotor bis 2 kW ☐ b) Fahrzeuge mit Maschinenantrieb bis 4,4 kW ☐ c) mit jedem Fahrzeug unter Maschinenantrieb bis 10 km/h
295. Welche Sonderregeln gelten für elektrobetriebene Fahrzeuge?	☐ a) sie dürfen im 300-m-Uferbereich auch schneller als 10 km/h fahren ☐ b) sie dürfen auch in Naturschutzgebieten fahren ☐ c) sie dürfen näher als 300 m parallel zum Ufer fahren, wenn Motorleistung 2 kW nicht übersteigt
296. Wie verhalten Sie sich nach einer Kenterung?	☐ a) gegebenenfalls Notsignale geben, beim Boot bleiben ☐ b) vom Boot wegschwimmen, Richtung Ufer ☐ c) Rettungsweste ablegen
297. Wie muss sich ein Schiffsführer verhalten, wenn sein Schiff gesunken ist?	☐ a) Kennzeichnung der Unfallstelle, wenn übrige Schifffahrt gefährdet wird ☐ b) Unfallstelle unverzüglich verlassen ☐ c) Hafenbetreiber verständigen
298. Welche Anforderungen gelten für abgastypgeprüfte Verbrennungsmotoren?	☐ a) bei der Nachuntersuchung müssen Dieselmotoren sowie Ottomotoren einer äußeren Besichtigung unterzogen werden. Bei Ottomotoren muss zusätzlich eine Abgasnachmessung vorgenommen werden ☐ b) keine gesonderten Vorschriften, da typengeprüft ☐ c) Abgasuntersuchungen nur bei Veränderungen am Motor

Fragen:	Antworten:
299. Wie können Sie dazu beitragen, möglichst wenig Kraftstoff zu verbrauchen?	☐ a) möglichst exakt Rumpfgeschwindigkeit einhalten ☐ b) Motoren richtig einstellen lassen und richtiges Mischungsverhältnis fahren ☐ c) Kraftstoffhahn nur teilweise öffnen
300. Was muss beim Herstellen einer Schleppverbindung besonders beachtet werden?	☐ a) starre Verbindung schaffen ☐ b) ausreichende Stärke, Schleppleine nicht in die eigene Schraube bringen ☐ c) möglichst kurze elastische Verbindung
301. Wie muss Abfall entsorgt werden?	☐ a) leere Bierdosen versenken ☐ b) im Hafen ordnungsgemäß entsorgen ☐ c) biologische Abfälle über Bord werfen
302. Wie hat sich ein Schiffsführer bei einem Brand auf seinem Schiff zu verhalten?	☐ a) über Bord springen ☐ b) Rettung von Personen ☐ c) Bordkasse sichern
303. Wie hat sich ein Schiffsführer zu verhalten, wenn sein Sportboot festgefahren ist?	☐ a) das Fahrzeug entsprechend kennzeichnen ☐ b) den Motor laufenlassen ☐ c) grünes Rundumlicht setzen
304. Wie lang muss eine Ankerleine gesteckt sein, wenn bei normalen Grund- und Wetterverhältnissen geankert wird?	☐ a) ca. 2fache Wassertiefe ☐ b) mindestens 12fache Wassertiefe ☐ c) mindestens 5fache Wassertiefe
305. Welchen Abstand zu Schilfufern müssen Sie mindestens einhalten?	☐ a) es ist kein Abstand notwendig ☐ b) mindestens 25 m ☐ c) mindestens 100 m
306. Was hat der Schiffsführer zu beachten, wenn er sein Schiff treiben lässt?	☐ a) nichts, weil das Schiff stilliegt ☐ b) die allgemeinen Fahrregeln und Sorgfaltspflichten, denn sein Schiff befindet sich in Fahrt ☐ c) er muss einen Treibanker benutzen

Fragen:	Antworten:
307. Welchen Geräuschpegel darf ein motorbetriebenes Schiff nicht überschreiten?	☐ a) 72 dB (A) in 25 m seitlichem Abstand ☐ b) 70 dB (A) in 30 m seitlichem Abstand ☐ c) 50 dB (A)
308. Wann ist die Gefahr einer Kollision gegeben?	☐ a) wenn sich die Peilung nicht oder nur unwesentlich zum anderen Fahrzeug ändert ☐ b) wenn die Peilung nach vorn auswandert ☐ c) wenn die Peilung nach achtern auswandert
309. Welche Gegenstände gehören zur vorgeschriebenen Mindestsicherheitsausrüstung?	☐ a) Verbandszeug, Notflagge, Fernglas, wasserfeste Paddeln, Trillerpfeife, Notbeleuchtung, Kompass, Kleidung, Rettungsmittel, Lenzeinrichtung, Anker ☐ b) Signalpistole, Kompass, Notflagge, Festmacherleine, GPS, Ersatzkanister, Mundsignalhorn ☐ c) Mundsignalhorn, Notflagge, Kompass, Rettungsmittel, Festmacherleinen, Lenzeinrichtung, Anker, Paddel, Notbeleuchtung, Feuerlöscher
310. Welche Anforderungen werden hinsichtlich des Gewässerschutzes an Kraftstoffbehälter auf Wasserfahrzeugen gestellt?	☐ a) die Schiffsaußenhaut darf gleichzeitig Wand des Kraftstoffbehälters sein ☐ b) muss aus Metall sein, sichere Befestigung, die Schiffsaußenhaut darf keine Wand des Kraftstoffbehälters sein und ein doppelter Boden ist erforderlich ☐ c) geeigneter Werkstoff, sichere Befestigung, die Schiffsaußenhaut darf keine Wand des Kraftstoffbehälters bilden
311. Wann ist mit einer großen Fluchtdistanz von Wasservögeln zu rechnen?	☐ a) bei großen Vogelansammlungen ☐ b) bei kleinen Vogelansammlungen ☐ c) es gibt kein Fluchtverhalten bei Wasservögeln

Fragen:	Antworten:
312. Welche Vogelgruppen sind im Winter besonders gefährdet?	☐ a) überwinternde Wasservögel ☐ b) heimische Möwen ☐ c) es gibt keine besondere Gefährdung

Motorenkunde

313. Ist für das Manövrieren unter Motor die Kenntnis über die Drehrichtung des Propellers (Schiffsschraube) wichtig?	☐ a) ja, um den Radeffekt beim An- und Ablegen ausnutzen zu können ☐ b) nein, nichts Besonderes ☐ c) ja, um richtig gegensteuern zu können
314. Sind die Drehkreise bei Schiffen mit starrer Antriebswelle verschieden groß?	☐ a) ja, weil der Radeffekt des Propellers eine Drehrichtung unterstützt und der anderen entgegenwirkt ☐ b) nein, es kommt auf die Ruderlage an ☐ c) ja, weil die starre Welle direkter wirkt
315. Bei einem Schiff mit rechtsdrehendem Propeller (Schiffsschraube) legen Sie den Rückwärtsgang ein; nach welcher Seite dreht das Heck?	☐ a) nach Backbord ☐ b) nach Steuerbord ☐ c) es bleibt unverändert
316. Bei einem Schiff mit linksdrehendem Propeller (Schiffsschraube) nehmen Sie Fahrt achteraus (rückwärts) auf; nach welcher Seite wird das Heck des Schiffes abdrehen?	☐ a) nach Backbord ☐ b) nach Steuerbord ☐ c) es fährt weiter geradeaus
317. Warum ist beim Starten einer Maschine die Getriebeschaltung stets auf „neutral“ zu stellen?	☐ a) damit das Getriebe nicht beschädigt wird ☐ b) damit das Fahrzeug nicht unkontrolliert und ruckartig anfährt ☐ c) damit der Öldruck sich nicht erhöht
318. Ihr Boot hat eine Motorenanlage mit linksdrehender Schraube (Propeller); welches ist die günstigste Anlegeseite?	☐ a) die Backbordseite ☐ b) die Steuerbordseite ☐ c) spielt keine Rolle

Fragen:	Antworten:
319. Es ertönt der Ruf „Mann über Bord“; was tun Sie als Rudergänger auf einem Motorboot?	☐ a) ich warte auf die Anweisungen des Schiffsführers ☐ b) auskuppeln, Ruder auf die Seite legen, an der die Person über Bord gegangen ist ☐ c) erhöhe die Geschwindigkeit, um schneller an den Mann zu kommen
320. Wie sollten Sie Ihr Boot unter Motor zum Stehen bringen, um bei Starkwind eine Person an Bord zu nehmen?	☐ a) gegen den Wind / Strömung anfahren, auskuppeln, Person aufnehmen ☐ b) Schiff mit Motorkraft im Wind halten und Person an der Seite an Bord nehmen ☐ c) mit laufender Maschine an der Luvseite
321. Wie legen Sie unter Motor bei starkem Wind an?	☐ a) wenn möglich mit dem Wind ☐ b) wenn möglich gegen den Wind ☐ c) quer zum Wind, ca. 50 Grad

Gebrauch der Seekarte

322. Welche Informationen können Sie einer Bodenseeschifffahrtskarte entnehmen?	☐ a) Längen-, Breitengrade, Tiefenangaben, Entfernungen ☐ b) Windverhältnisse, Stadtpläne, Distanzen ☐ c) Fahrpläne der Kursschifffahrt, Leuchtfeuer
323. Wozu dienen am Bodensee Schifffahrtskarten?	☐ a) zur Bestimmung von Standorten und Kursen ☐ b) als Abweichungstabelle (Deviationstabelle) ☐ c) als Wetterkarte
324. Wo werden die Distanzen (Wegstrecken) an der Seekarte entnommen?	☐ a) seitlich am Kartenrand ☐ b) am oberen Rand der Karte ☐ c) am unteren Rand der Karte
325. Wieviel Zentimeter auf der Karte entsprechen einem Kilometer bei einem Maßstab von1: 50 000?	☐ a) 2,0 cm ☐ b) 4,5 cm ☐ c) 1,0 cm

Fragen:	Antworten:
326. Wozu dient eine Kartenrose?	☐ a) zur Information über Tiefenangaben ☐ b) zur schnellen Orientierung von Bezugspunkten zu den Himmelsrichtungen ☐ c) zur Information über die Windrichtung und Windgeschwindigkeit
327. Was verstehen Sie unter einem Navigationsbesteck?	☐ a) Kursdreiecke, Lineal, Zirkel, Bleistift und Radiergummi ☐ b) Peilkompass, Lot und Log ☐ c) Radargerät, Taschenrechner
328. Wie lang ist eine Seemeile?	☐ a) 1592 m ☐ b) 1852 m ☐ c) 1666 m
329. Sie entnehmen aus der Bodenseeschifffahrtskarte eine Distanz von 4 cm. Wieviel km entspricht diese Strecke bei einem Maßstab von 1:50 000?	☐ a) 4 km ☐ b) 8 km ☐ c) 2 km

Bezeichnung von Fahrwasser und Untiefen

330. Wie sieht die Befeuerung der öffentlichen Häfen von See kommend bei Nacht aus?	☐ a) Backbord rotes Licht, Steuerbord grünes Licht, evtl. gelbes Ansteuerlicht ☐ b) Steuerbord rot, Backbord grün, evtl. gelbes Ansteuerlicht ☐ c) rot über grün
331. Wo befinden sich am Bodensee Wasserstandspegel?	☐ a) in allen öffentlichen Häfen ☐ b) nur im Konstanzer Hafen ☐ c) nur im Lindauer Hafen
332. Mit was werden die jeweiligen Wasserstände am Bodensee gemessen?	☐ a) mit Pegel in den Häfen ☐ b) mit Messlatten durch den Hafenmeister ☐ c) mit Schlaggerten
333. Wo befindet sich der amtliche Pegel am Bodensee?	☐ a) im Hafen Friedrichshafen ☐ b) im Hafen Lindau ☐ c) im Hafen Konstanz

Fragen:	Antworten:
334. Auf welchen Pegelstand beziehen sich die Tiefenangaben in der Bodenseeschifffahrtskarte?	☐ a) 2,00 m ☐ b) 2,50 m ☐ c) 0,00 m
335. Geben Sie die Wassertiefe bei 3,50 m Wasserstand (Pegel) und einer Kartentiefe von 5 Metern an!	☐ a) 6,00 m ☐ b) 5,00 m ☐ c) 3,50 m
336. Welche Durchfahrtshöhen haben die Brückenbögen der alten Rheinbrücke bei Konstanz bei Pegel 2,50 m?	☐ a) 3,75 m, 5,00 m, 4,00 m ☐ b) 6,33 m, 6,15 m, 5,75 m ☐ c) 6,15 m, 6,15 m, 7,33 m
337. Wieviel lichte Durchfahrtshöhe haben Sie bei einem Pegel von 3,80 m bei der mittleren Brückendurchfahrt der alten Rheinbrücke Konstanz?	☐ a) 4,85 m 3,80 – 2,50 = 1,30; 6,15 – 1,30 = 4,85 ☐ b) 4,53 m 3,80 – 2,00 = 1,80; 6,33 – 1,80 = 4,53 ☐ c) 4,45 m 3,80 – 2,50 = 1,30; 5,75 – 1,30 = 4,45
338. Nennen Sie die Untiefe bei Wallhausen (Seezeichen 22)!	☐ a) Teufelstisch ☐ b) Eichhorn ☐ c) Klausenhorn
339. Kann eine Motoryacht (Höhe über Wasserlinie: 3,15 m) durch den mittleren Brückenbogen der alten Rheinbrücke (Straßen- und Eisenbahnbrücke) bei Konstanz fahren? Pegelstand: 4,50 m	☐ a) ja ☐ b) nein ☐ c) nur ganz langsam mit gelegtem Mast
340. Nennen Sie die Untiefen vor Lindau!	☐ a) Wasserburger Berge ☐ b) Schachener Berge und Allwinder Berg ☐ c) Rohrspitz
341. Wie sind bei Nacht und unsichtigem Wetter die Landestellen gekennzeichnet?	☐ a) grün / rotes Licht übereinander bzw. nebeneinander, gelbes Ansteuerlicht möglich ☐ b) rotes Licht, darunter grünes Licht, Ansteuerlicht gelb möglich ☐ c) grünes Licht, darunter rotes Licht

Fragen:	Antworten:
342. Die Wassertiefe am Ankerplatz beträgt lt. Seekarte 2 m. Ihr Fahrzeug hat einen Tiefgang von 1,50 m. Wieviel Wasser haben Sie bei einem Pegelstand von 3 m unter dem Kiel?	☐ a) 1,00 m 2,00 + 0,50 = 2,50 – 1,50 = 1,00 ☐ b) 0,50 m 2,00 + 0,50 = 2,50 – 2,00 = 0,50 ☐ c) 2,50 m 2,00 – 0,50 = 1,50 + 1,00 = 2,50
343. Welchen Schutz genießen die Schifffahrtszeichen?	☐ a) keinen besonderen ☐ b) festmachen, verändern, beschädigen und entfernen verboten ☐ c) das Festmachen für Fahrzeuge über 2,50 m Länge ist verboten
344. Wie verläuft die Nummerierung der Seezeichen in den Uferbereichen Deutschland/Österreich?	☐ a) Deutschland – Österreich 1 – 99, beginnend in Konstanz, ☐ b) Deutschland 1 – 80, Österreich 81 – 99, Untersee 1 – 11 ☐ c) durchgehend 1 – 139 b
345. Wie verläuft die Nummerierung der Seezeichen in den Uferbereichen der Schweiz?	☐ a) 1 – 40 b Rheinmündung – Kreuzlingen ☐ b) 1 – 40 b Kreuzlingen – Rheinmündung ☐ c) 1 – 49 b Arbon – Kreuzlingen

Navigation

346. Muss der Bootsführer am Bodensee Navigationskenntnisse besitzen?	☐ a) ja, um jederzeit seinen Standort bestimmen und sein Fahrziel sicher erreichen zu können ☐ b) grundsätzlich nein ☐ c) nein, wenn Telefon oder Funk an Bord vorhanden sind
347. Welche Art der Navigation wird in der Regel am Bodensee angewandt?	☐ a) terrestrische Navigation ☐ b) astronomische Navigation ☐ c) Reedernavigation
348. Welche Hilfsmittel sind für die Navigation am Bodensee erforderlich?	☐ a) Sextant, HO-Tafel ☐ b) Kompass, Seekarte, Stoppuhr, Steuertafel, Logbuch, Handpeilkompass ☐ c) Tidenkalender, Seekarte

Fragen:	Antworten:
349. Nennen Sie die am Bodensee gebräuchlichste Kompassart!	☐ a) Sonnenkompass ☐ b) Magnetkompass ☐ c) Kreiselkompass
350. Welche gebräuchlichste Art von Kompassrose wird am Bodensee verwendet?	☐ a) Rundrose mit Gradzahlen ☐ b) Vollkreisrose ☐ c) Strichrose, Viertelkreisrose
351. In wieviel Grade wird eine Kompassrose unterteilt?	☐ a) 360 Grade ☐ b) 180 Grade ☐ c) 300 Grade
352. Welche Grade entsprechen einem Kompassstrich und eines Kompassquadranten?	☐ a) 11 1/4 und 90 Grade ☐ b) 10 und 100 Grade ☐ c) 12 1/4 und 45 Grade
353. Welche Richtung zeigt die Nadel eines Magnetkompasses an?	☐ a) geographisch Nord ☐ b) magnetisch Nord ☐ c) missweisend Nord
354. Wodurch wird die Kompassnadel abgelenkt?	☐ a) Schiffsmagnetismus und Erdmagnetismus ☐ b) Sonnenenergie und Strömungen ☐ c) Wind und Seegang
355. Was ist ein Kompasskurs?	☐ a) Richtung, die ein Schiff während der Fahrt einhält ☐ b) Richtung in der Seekarte ☐ c) Differenz zwischen rechtweisendem und einem missweisenden Kurs
356. Bei welchen Gradzahlen liegt Norden?	☐ a) 0 bzw. 360 Grad ☐ b) 270 Grad ☐ c) 180 Grad
357. Bei welchen Gradzahlen liegt Süden?	☐ a) 180 Grad ☐ b) 270 Grad ☐ c) 90 Grad
358. Bei welchen Gradzahlen liegt Westen?	☐ a) 270 Grad ☐ b) 90 Grad ☐ c) 260 Grad
359. Bei welchen Gradzahlen liegt Osten?	☐ a) 180 Grad ☐ b) 90 Grad ☐ c) 0 Grad

Fragen:	Antworten:
360. Nennen Sie die gebräuchlichste Standortbestimmung!	☐ a) Kreuzpeilung ☐ b) Versegelungspeilung ☐ c) Koppeln
361. Welche Peilpunkte verwenden Sie bei Ihrer Peilung?	☐ a) Bäume, Seezeichen ☐ b) Kirchtürme, Objekte, die auch in die Karte eingetragen sind ☐ c) Fährschiffe, Hafeneinfahrten
362. Was verstehen Sie unter einer Ortsmissweisung (Deklination)?	☐ a) Ablenkung der Kompassnadel von geographisch Nord durch den Erdmagnetismus am jeweiligen Ort ☐ b) Ablenkung der Kompassnadel durch Strömung und Wellen ☐ c) Beeinträchtigung bei der Peilung durch unsichtiges Wetter
363. Was verstehen Sie unter Ablenkung?	☐ a) Abweichung der Kompassnadel durch Erdmagnetismus von der Nordrichtung ☐ b) Ablenkung der Kompassnadel durch Schiffsmagnetismus ☐ c) nicht von Bedeutung für die Kursbestimmung
364. Was ist eine Deviationstabelle?	☐ a) tabellarische Auflistung der Abweichung der Kompassnadel von der Nordrichtung durch den Schiffsmagnetismus von 10 zu 10 Grad ☐ b) Geschwindigkeitstabelle in den einzelnen Fahrstufen ☐ c) Tabelle über den Treibstoffverbrauch bei verschiedenen Fahrstufen

Wetterkunde

365. Welches sind die vorherrschenden Winde am Bodensee?	☐ a) Ostwinde ☐ b) westliche Winde ☐ c) umlaufenden Winde
366. Nennen Sie einige besondere lokale Winde!	☐ a) Gewitterwinde, Nordwinde, Föhn ☐ b) Land-, Seewinde, Föhn ☐ c) Westwinde

Fragen:	**Antworten:**
367. Wann treten insbesondere Landwinde auf?	☐ a) nachts ☐ b) tagsüber ☐ c) bei Seegang und bedecktem Himmel
368. Wann treten insbesondere Seewinde auf?	☐ a) bei Seegang und bedecktem Himmel ☐ b) nachts ☐ c) tagsüber
369. Warum treten insbesondere Landwinde auf?	☐ a) Seewasser kühlt langsamer als die Luft ab ☐ b) wenn der Himmel bedeckt ist ☐ c) wenn eine Föhnlage gegeben ist
370. Warum treten insbesondere Seewinde auf?	☐ a) Seewasser kühlt langsamer als die Luft ab ☐ b) Land erwärmt sich schneller als das Wasser ☐ c) bei Seegang und bedecktem Himmel
371. Woran können Sie das Nahen eines Gewitters erkennen?	☐ a) an fallendem Luftdruck und Wolkenbildung ☐ b) an Temperaturrückgang und Quellwolken ☐ c) an steigendem Luftdruck und Wolkenbildung
372. Woran erkennen Sie eine Föhnlage?	☐ a) Temperaturabfall, Föhnwolken ☐ b) strahlender Sonnenschein, klare Sicht auf die Alpenkette, Föhnwolken ☐ c) schlechter Sicht und Gewitterwolken
373. In welchem Seeteil weht der Föhn besonders häufig?	☐ a) im südöstlichen Teil des Obersees ☐ b) auf dem Obersee zwischen Friedrichshafen und Immenstaad ☐ c) auf dem Überlinger See
374. Weshalb können Föhnwinde für die Sportschifffahrt besonders gefährlich werden?	☐ a) durch unregelmäßig auftretende heftige Böen ☐ b) durch laufend drehende Winde ☐ c) durch starken Seegang aus westlicher Richtung

Fragen:	Antworten:
375. Was schließen Sie aus jäh fallendem Luftdruck und starker Wolkenbildung?	☐ a) Föhngefahr, Wetteränderung ☐ b) Wetterverschlechterung, Sturm oder Gewitter ☐ c) stabile Wetterlage

Sturmwarn- und Seenotrettungsdienst

376. In welcher Zeit wird der Sturmwarndienst durchgeführt?	☐ a) nur im Sommer ☐ b) Sturmwarndienst ganzjährig ☐ c) nur in der Zeit der Schulferien
377. Wie erfolgt die Warnung vor aufkommenden Stürmen?	☐ a) durch Sturmwarnfeuer an markanten Uferstellen ☐ b) durch Flaggen und Bälle an den Häfen ☐ c) durch Abfeuern von Böllerschüssen
378. Welche Farbe haben die Sturmwarnfeuer?	☐ a) orangefarbene Blinklichter ☐ b) rote Warnlichter ☐ c) gelbe Blitzlichter
379. Welche Bedeutung hat das Aufblinken von orangefarbenen Blinklichtern mit 40 Blitzen pro Minute?	☐ a) Starkwindwarnung ☐ b) Vorwarnung der Schifffahrt, keine weiteren Maßnahmen ☐ c) Aufhebung der Sturmwarnung
380. Wie wird am Bodensee Starkwindwarnung (StWW) und Sturmwarnung (StW) signalisiert?	☐ a) StWW = 40 Blitze pro Min. StW. = 90 Blitze pro Min. ☐ b) StWW = 50 Blitze pro Min. StW. = 100 Blitze pro Min. ☐ c) beide mit 45 Blitzen pro Min.
381. Wie hat sich ein Schiffsführer bei Sturmwarnung zu verhalten?	☐ a) vorsichtig ☐ b) Schiff sturmfest machen, Rettungsmittel anziehen, notfalls Hafen aufsuchen ☐ c) abwarten bis Sturm kommt
382. Wo verläuft die Trennlinie zwischen den Warngebieten West und Mitte?	☐ a) Meersburg – Konstanz ☐ b) Überlingen – Wallhausen ☐ c) Hagnau – Uttwil

Fragen:	Antwortern:
383. Wo verläuft die Trennlinie zwischen den Warngebieten Mitte und Ost?	☐ a) Friedrichshafen – Romanshorn ☐ b) Langenargen – Arbon ☐ c) Kressbronn – Altenrhein
384. Nennen Sie die Anzahl der Blitze pro Minute bei einer Starkwindwarnung!	☐ a) 40 Blitze ☐ b) 50 Blitze ☐ c) 90 Blitze
385. Nennen Sie die Anzahl der Blitze pro Minute bei einer Sturmwarnung!	☐ a) 90 Blitze ☐ b) 100 Blitze ☐ c) 40 Blitze
386. Wo verlaufen die Trennlinien zwischen den Warngebieten?	☐ a) Linien Konstanz – Meersburg und Arbon – Langenargen ☐ b) Wallhausen – Überlingen Hagnau – Kreuzlingen ☐ c) Friedrichshafen – Romannshorn Lindau – Altenrhein
387. Sie beobachten eine heranziehende Gewitterfront, können jedoch keine Sturmwarnung durch Sturmwarnleuchten ausmachen. Wie verhalten Sie sich?	☐ a) ich setze meine Fahrt fort, da keine Sturmwarnung gegeben ist ☐ b) ich mache mein Schiff sturmfest, ziehe Rettungsmittel an und laufe ggf. den nächsten Hafen an ☐ c) ich warte in Ruhe auf das Aufblinken der Warnleuchten
388. Worauf weist die Starkwindwarnung hin und was haben Sie als Schiffsführer zu beachten?	☐ a) Wind/Sturm kann auftreten, keine besonderen Maßnahmen ☐ b) unmittelbare Starkwindwarnung; Schiff und Besatzung darauf vorbereiten; Sicherheitsmaßnahmen treffen ☐ c) Nebelgefahr, Fahrt verlangsamen
389. Was verstehen Sie unter einer Seenotlage?	☐ a) Schiff und Besatzung befinden sich in drohender oder akuter Gefahr, die nicht selber abgewendet werden kann ☐ b) Schiff und Besatzung sind in Gefahr, fremde Hilfe ist aber nicht geboten ☐ c) Schiff und Besatzung sind wohlauf, jedoch erhebliche Verspätung
390. Wann dürfen Sie die Seenotsignalmittel einsetzen?	☐ a) wenn ein Schiff manövrierunfähig ist ☐ b) wenn sich Schiff und Besatzung in einer Seenotlage befinden ☐ c) bei Regen und unsichtigem Wetter

Fragen:	Antworten:
391. Welche Seenotsignalmittel unterliegen einer Beschränkung beim Erwerb?	☐ a) Signalpistolen, Raketen ☐ b) Handfackeln, Signalstifte ☐ c) rote Flagge
392. Was sollten Sie als Schiffsführer unternehmen, wenn Sie durch schlechtes Wetter oder andere Umstände längere Zeit an einem fremden Ort aufgehalten und möglicherweise vermisst werden könnten?	☐ a) Angehörige, Hafenmeister oder Polizei verständigen ☐ b) keine besonderen Maßnahmen ☐ c) Landratsämter verständigen
393. Was tun Sie, wenn ein Mitglied Ihrer Crew über Bord geht?	☐ a) Ruf „Mann über Bord“, Rettungsmittel zuwerfen und versuchen, Person an Bord zu nehmen ☐ b) Notsignal geben, Hilfe anfordern ☐ c) Fahrt fortsetzen, Hilfe holen

Fragen und Antworten
394 und 395 entfallen

Segelboote und deren Bedienung

396. Erklären Sie die wesentlichen Merkmale (hinsichtlich Bauart) der Kielyachten!	☐ a) Segelfahrzeuge mit Ballastkiel (gewichtsstabil) ☐ b) flach und breit mit Kielschwert ☐ c) Segelfahrzeuge mit feststehendem Schwert
397. Erklären Sie die wesentlichen Merkmale (hinsichtlich Bauart) der Jollen!	☐ a) kleinere offene Segelboote mit Schwert (formstabil) ☐ b) offene Segelboote mit schmalem Rumpf (gewichtsstabil) und S-Spant ☐ c) Kajütboot mit Kielschwert

Fragen:	Antworten:
398. Nennen Sie die Arten der Stabilität bei Jollen!	☐ a) formstabil ☐ b) gewichtsstabil ☐ c) auftriebsstabil
399. Nennen Sie die Arten der Stabilität bei Kielbooten!	☐ a) formstabil ☐ b) gewichtsstabil ☐ c) auftriebsstabil
400. Was verstehen Sie unter dem Rigg?	☐ a) die Fallen und Stagen ☐ b) die gesamte Takelage eines Schiffes ☐ c) den Rumpf des Segelbootes
401. Welches sind die Haupttakelungsarten in der Sportschifffahrt?	☐ a) Cat- und Sluptakelung ☐ b) Schoner- und Rahtakelung ☐ c) Yachttakelung
402. Welches ist die heute gebräuchlichste Takelungsart am Bodensee?	☐ a) Sluptakelung ☐ b) Rahtakelung ☐ c) Kuttertakelung
403. Was sind die Merkmale einer Hochtakelung?	☐ a) Großsegel geht bis zur Mastspitze und hat Dreiecksform ☐ b) Großsegel reicht nicht bis zur Mastspitze und hat Vierecksform ☐ c) Großsegel, das nicht gerefft werden kann
404. Was sind die Merkmale einer Gaffeltakelung?	☐ a) Großsegel hat Vierecksform und reicht nicht bis zur Mastspitze ☐ b) Großsegel hat Dreiecksform und reicht bis zur Mastspitze ☐ c) Großsegel hat Vierecksform und reicht bis zur Mastspitze
405. Was ist der Unterschied zwischen Slup- und Cattakelung?	☐ a) Slup = Mast mit Groß- und Vorsegel, Cat = nur ein Segel ☐ b) Slup = nur ein Segel Cat = nur ein Gaffelsegel ☐ c) Slup = 2 Masten, Cat = 1 Mast
406. Was verstehen Sie unter Backstagen oder Preventer?	☐ a) lösbare seitliche Abstützung des Mastes nach achtern ☐ b) lösbare Relingsstützen ☐ c) feststehende seitliche Abstützung nach achtern

Fragen: | **Antworten:**

407. Welche Funktion hat die Saling?

☐ a) Abstützen der Fallen
☐ b) Versteifung des Mastes durch Abspreizen der Wanten
☐ c) Abspreizen der Stage

408. Welche Teile eines Segelbootes gehören zur Takelage?

☐ a) Mast, feste und bewegliche Spieren, stehendes und laufendes Gut
☐ b) Mast, Ruder, Schwert und Großbaum
☐ c) feste und bewegliche Spieren sowie laufendes Gut

409. Was verstehen Sie unter festen Spieren?

☐ a) z. B. Saling und Klüverbaum
☐ b) z. B. Gaffel, Großbaum, Spinnakerbaum
☐ c) z. B. Bootshaken und Pinne

410. Was verstehen Sie unter beweglichen Spieren?

☐ a) z. B. Saling und Vorstagspiere
☐ b) z. B. Großbaum, Fockbaum, Gaffel, Spinnakerbaum
☐ c) z. B. Pinne, Bootshaken

411. Was zählt zum stehenden Gut?

☐ a) Wanten und Stagen
☐ b) Ruder- und Schwertfall
☐ c) Backstage, Wanten

412. Was zählt zum laufenden Gut?

☐ a) alles Tauwerk, das durch Rollen, Ösen oder Blöcke läuft
☐ b) Fallen, Schoten und Stagen
☐ c) Wanten und Stagen

413. Womit wird der Mast nach vorn und achtern abgestützt?

☐ a) Wanten und Backstagen
☐ b) Vorstag, Achterstag oder Backstagen
☐ c) Vorstag, Wanten

414. Wozu dient das laufende Gut?

☐ a) zum Bedienen und Führen der Segel, des Ruders und Schwerts
☐ b) zum Befestigen und Stabilisieren des Mastes
☐ c) zum Befestigen der Wanten und Stagen

Fragen:	Antworten:
415. Wie erfolgt die seitliche Verstagung des Mastes?	☐ a) durch Wanten wie Oberwant und Unterwant ☐ b) Backstagen und Fallen ☐ c) Vorstag, Achterstag
416. Wie heißen die drei Ecken eines Segels?	☐ a) Kopf, Hals, Unterliek ☐ b) Schothorn, Kopf, Hals ☐ c) Vorliek, Unterliek, Achterliek
417. Wo befinden sich die drei Ecken eines Segels?	☐ a) Kopf oben, Hals vorne unten, Schothorn hinten zur Aufnahme der Schot ☐ b) Kopf oben, Hals hinten zur Aufnahme der Schot, Schothorn vorne ☐ c) Kopf oben, Hals hinten zur Aufnahme des Falles
418. Wie heißen die drei Kanten eines Segels?	☐ a) Vorliek, Unterliek, Achterliek ☐ b) Kopfliek, Unterliek, Vorliek ☐ c) Kopf, Hals, Schotliek
419. Wo befinden sich die drei Kanten eines Segels?	☐ a) Vorliek = vorne, Achterliek = hinten, Unterliek = unten ☐ b) Vorliek = vorne, Achterliek = hinten, Kopfliek = oben ☐ c) Vorliek = links, Achterliek = rechts, Unterliek = unten
420. Wo befindet sich das Schothorn am Vorsegel?	☐ a) achtern, zwischen Achterliek und Unterliek ☐ b) vorne am Bug ☐ c) oben, zur Aufnahme des Falles
421. Wo befindet sich der Hals am Großsegel?	☐ a) zwischen Achterliek und Unterliek ☐ b) zwischen Vorliek und Unterliek ☐ c) zwischen Achterliek und Vorliek
422. Welche Vorsegel finden auf Segelbooten Verwendung?	☐ a) Normalfock, Genua, Sturmfock, Spinnaker, Blister ☐ b) Rollfock, Spinnaker, Trysegel ☐ c) Baumfock, Topsegel, Besan
423. Wozu dienen Spreizlatten?	☐ a) zum Abspreizen der Wanten ☐ b) zur Versteifung der Segel ☐ c) als Hilfe beim Reffen

Fragen:	Antworten:
424. Wie nennt man das Verkleinern der Segelfläche?	☐ a) Schiften ☐ b) Reffen ☐ c) Bergen der Segel
425. Was verstehen Sie unter abtakeln?	☐ a) Segel einholen und Boot abdecken ☐ b) stehendes und laufendes Gut, Mast abbauen ☐ c) Fock- und Großsegel bergen
426. Wie heißen die Sturmsegel?	☐ a) Sturmfock, Trysegel ☐ b) Flieger, Trysegel ☐ c) Sturmfock, Flieger
427. Mit welchem Wind segelt ein Boot?	☐ a) mit dem wahren Wind ☐ b) mit dem scheinbaren Wind ☐ c) mit dem Fahrtwind
428. Was bedeutet der Begriff „Killen“?	☐ a) Segel einholen ☐ b) Segel verkleinern ☐ c) Flattern der Segel
429. Beschreiben Sie ein Ankermanöver in seinem Ablauf!	☐ a) Fock einholen, Aufschießer fahren, Anker fallen lassen, achteraus treiben lassen bis Anker hält, notfalls Groß backhalten ☐ b) Ankerplatz suchen, Segel bergen, Anker fallen lassen, prüfen ob Anker hält ☐ c) Großsegel bergen, Boot in den Wind drehen, Anker fallen lassen, Fock bergen
430. Was ist beim Bruch eines Luvwants zu tun?	☐ a) sofort auf den anderen Bug gehen und nach Möglichkeit reparieren ☐ b) sofort Notsignal geben ☐ c) sofort Segel bergen und ans Ufer treiben lassen
431. Was verstehen Sie unter Luv?	☐ a) Richtung, aus der der Wind kommt ☐ b) Richtung, in die der Wind weht ☐ c) Richtung des Fahrtwindes
432. Was verstehen Sie unter Lee?	☐ a) Richtung, aus der der Wind kommt ☐ b) Richtung, in die der Wind weht ☐ c) Richtung des Fahrtwindes

Fragen:	Antwortern:
433. Was verstehen Sie unter „Luvgierig“?	☐ a) Schiff hat das Bestreben, ohne Ruderlage mit dem Bug in den Wind zu drehen ☐ b) Schiff hat das Bestreben, mit dem Bug vom Wind wegzudrehen ☐ c) Schiff hat das Bestreben, mit dem Heck in den Wind zu drehen
434. Was verstehen Sie unter „Leegierig“?	☐ a) Schiff hat das Bestreben, ohne Ruderlage mit dem Bug aus dem Wind zu gehen ☐ b) Schiff hat das Bestreben, mit dem Bug zum Wind zu drehen ☐ c) Schiff hat das Bestreben, mit dem Heck vom Wind wegzudrehen
435. Woraus ergibt sich der „scheinbare Wind“?	☐ a) Resultierende aus Fahrtwind und wahrem Wind ☐ b) Resultierende aus Fahrtwind und halbem Wind ☐ c) Resultierende aus Fahrtwind und Geschwindigkeit
436. Wozu dienen die Schoten?	☐ a) zum Heißen und Niederholen der Segel ☐ b) zum Führen und Bedienen der Segel ☐ c) zum Festmachen des Schiffes
437. Was sind Lieken?	☐ a) Ecken der Segel ☐ b) Kanten der Segel ☐ c) Ecken und Kanten der Segel
438. Wann wird in der Regel gerefft?	☐ a) Wenn ein Sturm eingetreten ist ☐ b) bei dichter Verkehrslage ☐ c) bei Sturmanzeichen, Gewitter oder Sturmwarnung
439. Nennen Sie verschiedene Spantenformen!	☐ a) Rundspant, Knickspant, S-Spant ☐ b) Flachspant, Breitspant, S-Spant ☐ c) Rundspant, Hochspant, Schmalspant
440. Was verstehen Sie unter dem Begriff „Trysegel“?	☐ a) Dreifachsegel ☐ b) Sturmgroßsegel ☐ c) Sturmvorsegel

Fragen:	Antworten:
441. Nennen Sie einige Bugformen!	☐ a) gerader Steven, Kurzsteven, Langsteven ☐ b) Löffelbug, gerader Steven, Klippersteven ☐ c) gebogener Bug, vorstehender Bug
442. Nennen Sie einige Heckformen!	☐ a) Niederheck, Yachtheck ☐ b) Plattgattheck, Spiegelheck, Yachtheck, Spitzgattheck ☐ c) rundes Heck, vorspringendes Heck
443. Was verstehen Sie unter anluven?	☐ a) in den Wind gehen bis Schiff steht ☐ b) Boot zum Wind drehen ☐ c) vom Wind wegdrehen
444. Was verstehen Sie unter abfallen?	☐ a) auf Raumwindkurs gehen, Halse ☐ b) vom Wind weiter weggehen ☐ c) zum Wind drehen
445. Was verstehen Sie unter schiften?	☐ a) Boot aufklaren ☐ b) unter Beibehalten des Vorwindkurses Segel auf die andere Seite nehmen ☐ c) verkleinern der Segelfläche
446. Was verstehen Sie unter einer Wende?	☐ a) Kursänderung mit dem Bug durch den Wind ☐ b) Kursänderung nach Backbord ☐ c) Kursänderung mit dem Heck durch den Wind
447. Was verstehen Sie unter einer Halse?	☐ a) Kursänderung mit dem Bug durch den Wind ☐ b) Kursänderung mit dem Heck durch den Wind ☐ c) Kursänderung nach Steuerbord
448. Erklären Sie einen Aufschießer!	☐ a) Boot in den Wind stellen, Schoten los ☐ b) beim Schiften, Reffen und Segelwechsel ☐ c) Boot auf Vorwindkurs bringen

Fragen:	Antworten:
449. Was ist ein Spinnaker, wo wird er verwendet?	☐ a) Großes Vorsegel auf Raum- und Vorwindkursen ☐ b) ein sogenannter Flieger auf Halbwindkursen ☐ c) ein viereckiges Vorsegel mit Bauch, auf allen Kursen
450. Welchen Windkurs müssen Sie segeln um „schiften“ zu können?	☐ a) Halbwind ☐ b) vor dem Wind ☐ c) Am-Wind

Ausweichregeln – Segelboote

451. Wer muss ausweichen (schwarz oder weiß) und wie lautet die Begründung?

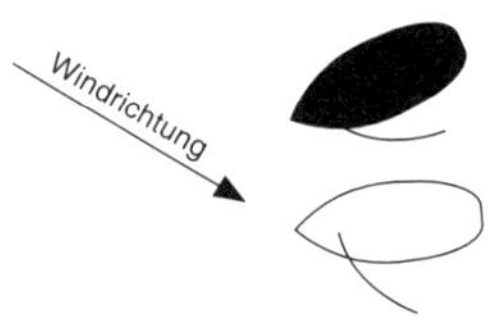

☐ a) schwarz, weil Lee vor Luv
☐ b) weiß, weil Luv vor Lee
☐ c) weiß, weil beide den Wind von der gleichen Seite haben

452. Wer muss ausweichen (schwarz oder weiß) und wie lautet die Begründung?

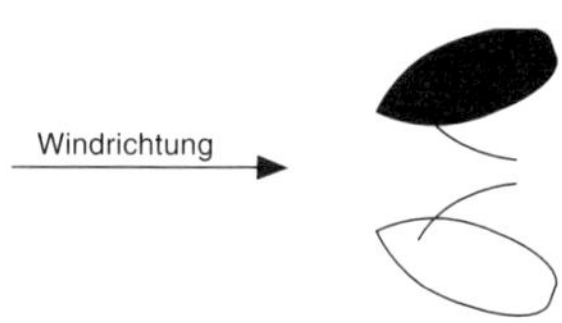

☐ a) schwarz, weil Backbordbug
☐ b) weiß, weil Steuerbordbug
☐ c) schwarz, weil Lee vor Luv

453. Welche Fahrzeuge sind gegenüber Segelfahrzeugen ausweichpflichtig?	☐ a) Ruderboote und Motorboote ☐ b) alle anderen Fahrzeuge ☐ c) nicht besonders geregelt
454. Welche Fahrzeuge sind gegenüber Segelfahrzeugen ausweichpflichtig?	☐ a) Schleppverbände ☐ b) Vergnügungsfahrzeuge mit Maschinenantrieb und Ruderboote ☐ c) Berufsfischerboote

Fragen: | **Antworten:**

455. Wer muss ausweichen (schwarz oder weiß) und wie lautet die Begründung?

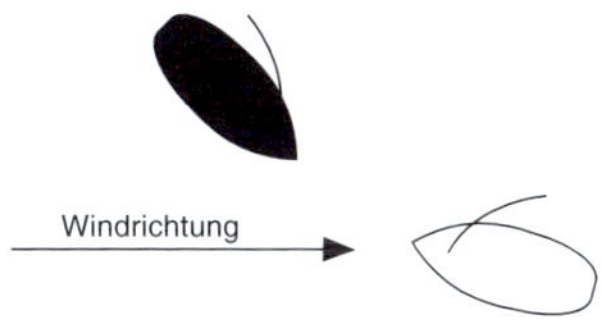

- ☐ a) weiß, weil Steuerbordbug
- ☐ b) schwarz, weil rauer Wind
- ☐ c) schwarz, weil Backbordbug

456. Wer muss ausweichen (schwarz oder weiß) und wie lautet die Begründung?

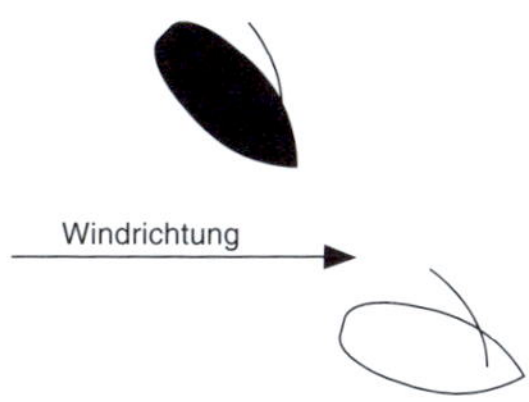

- ☐ a) schwarz, weil Überholer
- ☐ b) weiß, weil in Lee
- ☐ c) weiß, weil beide den Wind von der gleichen Seite haben

457. In welcher Reihenfolge darf gefahren werden?

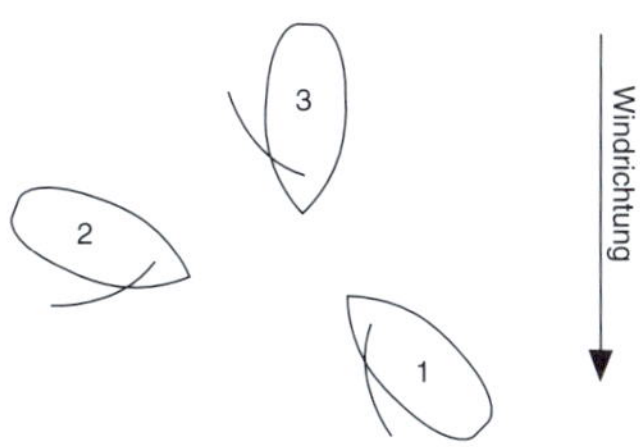

- ☐ a) 1, 2, 3
- ☐ b) 3, 1, 2
- ☐ c) nicht vorgeschrieben

458. Wer muss ausweichen (schwarz oder weiß) und wie lautet die Begründung?

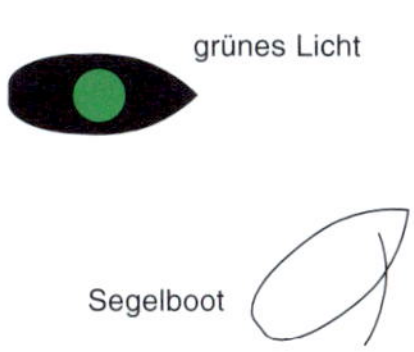

- ☐ a) schwarz, Segelboot hat Wegerecht
- ☐ b) Segelboot, schwarz Vorrangschiff bei Nacht
- ☐ c) beide nach Steuerbord, da unsichtiges Wetter

Fragen: | **Antworten:**

459. Wer muss ausweichen (schwarz oder weiß) und wie lautet die Begründung?

- ☐ a) weiß, schwarz ist Vorrangschiff bei Tag
- ☐ b) schwarz, Segelboot hat Wegerecht
- ☐ c) nicht geregelt

460. Wie hat sich das Segelboot gegenüber dem Boot, das das blaue Blinklicht zeigt, zu verhalten?

- ☐ a) Segelboot muss Vorrecht gewähren, notfalls anhalten
- ☐ b) Segelboot hat Wegerecht, kann weiterfahren
- ☐ c) Segelboot hat Wegerecht gegenüber Motorbooten

461. Wie hat sich ein Segelboot gegenüber dem Fischerboot, das einen weißen Ball gesetzt hat, zu verhalten und was ist zu beachten?

- ☐ a) Fischerboot muss ausweichen, Mindestabstand 50 m
- ☐ b) Segelboot muss ausweichen, Mindestabstand 200 m
- ☐ c) Segelboot muss ausweichen, 30 m Abstand

462. Wie hat sich ein Segelboot gegenüber dem Fischerboot, das eine weiße Flagge gesetzt hat, zu verhalten?

- ☐ a) Segelboot muss ausweichen
- ☐ b) Segelboot muss nicht ausweichen, sollte aber die Schleppangel beachten
- ☐ c) beide weichen aus

Fragen:	Antworten:
463. Wie hat sich ein Segelboot gegenüber einem Ruderboot zu verhalten? 	☐ a) Segelboot muss ausweichen ☐ b) Segelboot hat Wegerecht ☐ c) beide verhalten sich nach Absprache
464. Wer hat Wegerecht? 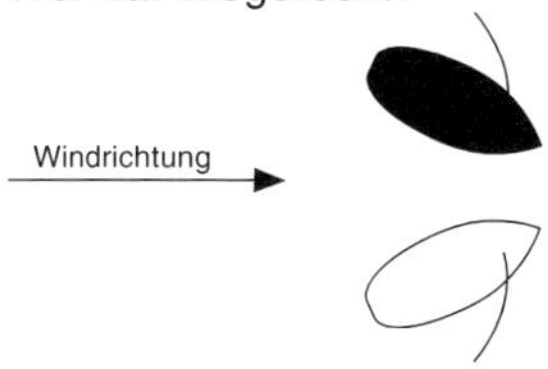	☐ a) schwarzes Segelboot, da es auf Steuerbordbug segelt? ☐ b) weißes Segelboot, da es auf Backbordbug segelt ☐ c) schwarzes Segelboot, weil es den Wind von Steuerbord hat und auf Backbordbug segelt
465. Wer hat Wegerecht und wie lautet die Begründung? 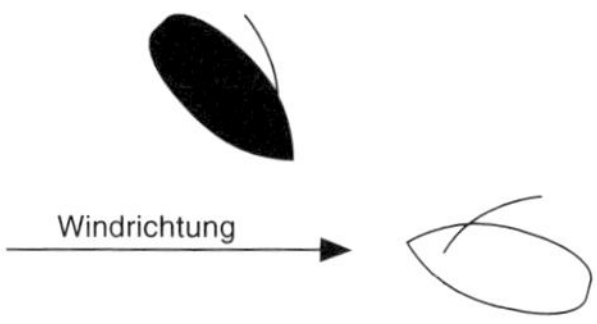	☐ a) schwarzes Segelboot, weil es den Wind von Steuerbord hat und auf Backbordbug segelt ☐ b) weißes Segelboot, weil es den Wind von Backbord hat ☐ c) das weiße Segelboot, weil es auf Backbordbug segelt
466. Wer hat Wegerecht? 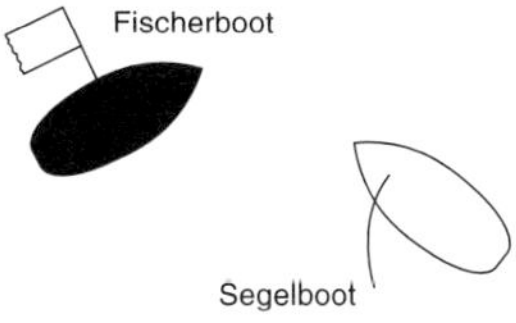	☐ a) Segelboot ☐ b) Boot mit weißer Flagge ☐ c) der von Backbord kommt
467. Wie ist die Folge des Wegerechts? 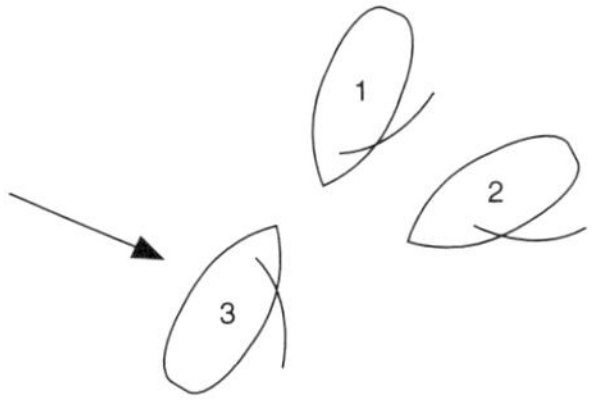	☐ a) 1, 2, 3 ☐ b) 2, 3, 1 ☐ c) 2, 1, 3

Fragen:	Antworten:
468. Wer hat Wegerecht? 	☐ a) Boot mit weißem Ball – Berufsfischer ☐ b) Segelboot ☐ c) der von Backbord kommt
469. Wer hat Wegerecht? 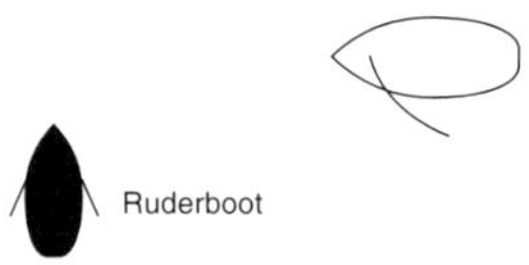 	☐ a) Ruderboot ☐ b) Segelboot ☐ c) der von Steuerbord kommt
470. Welches Fahrzeug hat Wegerecht? 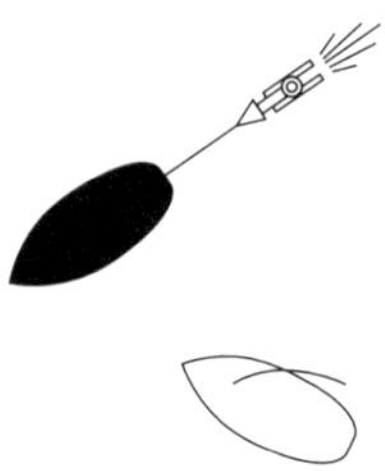	☐ a) Segelboot ☐ b) Wasserskiboot, da behindert ☐ c) nicht besonders geregelt

Hochrheinfragen

471. Wo verläuft die schifffahrtsrechtliche Grenze zwischen Untersee und Hochrhein?	☐ a) Linie zwischen Mammern und Wangen ☐ b) Linie oberste Steganlage Eschenz/Landestelle Öhningen ☐ c) wird durch die Straßenbrücke in Stein begrenzt

Fragen:	Antworten:
472. Mit welchem Schifffahrtszeichen wird auf dem Hochrhein das Fahrwasser bezeichnet?	☐ a) rotweißen Tafeln ☐ b) weißgrünen Tafeln ☐ c) rotweißroten Tafeln
473. Wie lang ist der für Vergnügungsschiffe zugelassene Hochrheinabschnitt?	☐ a) rund 12 km ☐ b) rund 19 km ☐ c) rund 32 km
474. Sie fahren mit Ihrem Vergnügungsfahrzeug zu Tal in Richtung Brücke Diessenhofen, welche Brückendurchfahrt wählen Sie?	☐ a) beliebig ☐ b) mittlere ☐ c) zweite von rechts
475. Dürfen Sie zollpflichtige Waren aus der Schweiz ohne weitere Formalitäten in Deutschland einführen?	☐ a) ja ☐ b) nein, die Waren müssen bei einem deutschen Zollamt angemeldet werden ☐ c) nein, die Wareneinfuhr ist generell verboten
476. Durch welche Öffnung der Hemishofener Eisenbahnbrücke führt die gekennzeichnete Fahrrinne?	☐ a) erste Öffnung von links ☐ b) zweite Öffnung von rechts ☐ c) zweite Öffnung von links
477. Wie heißt die Untiefe vor Rheinklingen, nach dem Schifffahrtszeichen Nr. 52?	☐ a) Wellenstein ☐ b) Fahrkopf ☐ c) Salzfresser
478. Welcher Fluss mündet gegenüber von Rheinklingen in den Rhein?	☐ a) Singener Aach ☐ b) Biber ☐ c) Gaisslibach
479. In welchem Bogen einer Krümmung befindet sich der „Hang“?	☐ a) am Innenbogen ☐ b) in der Fahrwassermitte ☐ c) im Außenbogen
480. Welche Fahrwasserverhältnisse können Sie im Innenbogen einer Flusskrümmung annehmen?	☐ a) ausreichende Wassertiefe ☐ b) Flachwasser, Untiefen ☐ c) gefährliche Strömungen
481. Wieviele Öffnungen besitzt die Hemishofener Brücke im Bereich des Flussbettes?	☐ a) 4 ☐ b) 5 ☐ c) 3

Fragen:	Antworten:
482. An welchem Ufer der Hochrheinstrecke mündet die Biber und worauf ist unmittelbar unterhalb der Mündung zu achten?	☐ a) rechtes Ufer, Untiefen, Felsen ☐ b) linkes Ufer, Strömungen ☐ c) linkes Ufer, Ausweichstelle
483. Welche Fahrwasserverhältnisse können Sie in der Regel im Außenbogen einer Flusskrümmung annehmen?	☐ a) Flachwasser, Untiefen ☐ b) ausreichende Wassertiefe ☐ c) gefährliche Strömung
484. Wo befinden sich kurz unterhalb der Bibermühle Untiefen (Felsen) im Gewässerbett?	☐ a) linksrheinisch ☐ b) rechtsrheinisch ☐ c) Gewässerbettmitte
485. An welcher Brücke auf dem Hochrhein endet die Sportschifffahrt?	☐ a) Eisenbahnbrücke Schaffhausen ☐ b) Straßenbrücke Schaffhausen ☐ c) Straßenbrücke Diessenhofen
486. Nennen Sie die rechtsrheinischen Schiffslandestellen in Fließrichtung, die die Kursschifffahrt in der Saison regelmäßig anläuft?	☐ a) Stein am Rhein, Büsingen, Schaffhausen ☐ b) Büsingen, Stein am Rhein, Schaffhausen ☐ c) Schaffhausen, Büsingen, Stein am Rhein
487. In welchem Bogen einer Krümmung befindet sich der „Grund“?	☐ a) im Innenbogen ☐ b) im Außenbogen ☐ c) in der Fahrwassermitte
488. Welche Regeln bestehen auf der Hochrheinstrecke für Wellenbrettfahrer und Wasserskiläufer?	☐ a) keine Abweichung gegenüber Bodensee ☐ b) nur bei Tag und guter Sicht erlaubt ☐ c) nicht erlaubt
489. Wo liegt die Untiefe Wellenstein?	☐ a) oberhalb der Hemishofer Brücken ☐ b) zwischen Bibermühle und Schupfen ☐ c) zwischen Büsingen und Paradies
490. Liegt das Strandbad Gailingen oberhalb oder unterhalb der Brücke und auf welcher Rheinseite?	☐ a) oberhalb rechts ☐ b) oberhalb links ☐ c) unterhalb rechts
491. Wie verläuft der Rhein im Bereich der Ortschaft Büsingen in Fließrichtung?	☐ a) starke Rechtskrümmung ☐ b) starke Linkskrümmung ☐ c) in gerader Richtung

Fragen:	Antworten:
492. Befindet sich die Schiffanlegestelle Büsingen ober- oder unterhalb der starken Rheinkrümmung im Bereich der Ortschaft?	☐ a) unterhalb ☐ b) oberhalb ☐ c) in der Mitte
493. Was müssen Sie beim Befahren der Hochrheinstrecke von Ihrem Schiff speziell kennen?	☐ a) das Gewicht des Schiffes ☐ b) die Schiffslänge ☐ c) den maximalen Tiefgang des Schiffes
494. Wieviele Brücken dürfen Sie mit Ihrem Vergnügungsfahrzeug auf der Hochrheinstrecke passieren?	☐ a) 5 Brücken ☐ b) 4 Brücken ☐ c) 6 Brücken
495. Wie heißen die deutschen Ortschaften am Hochrhein?	☐ a) Stein/Rhein, Diessenhofen ☐ b) Öhningen-Oberstaad, Gailingen, Büsingen ☐ c) Gailingen, Büsingen
496. Nennen Sie die linksrheinische Schiffslandestelle, die von der Fahrgastschifffahrt angelaufen wird!	☐ a) Stein a. Rhein ☐ b) Büsingen ☐ c) Diessenhofen
497. Welche Höchstgeschwindigkeit darf auf dem Hochrhein gefahren werden?	☐ a) 20 km/h auf der Talfahrt und 10 km/h auf der Bergfahrt ☐ b) 30 km/h in beiden Richtungen ☐ c) 10 km/h auf der Talfahrt und 20 km/h auf der Bergfahrt
498. Wie wird die Geschwindigkeit auf dem Hochrhein gemessen?	☐ a) jeweils zum Wasser (Fahrt durchs Wasser) ☐ b) jeweils zum Ufer (Fahrt über Grund) ☐ c) mittels Log
499. Sie befahren den Hochrhein mit Ihrem Vergnügungsfahrzeug zu Tal, mit Ziel Schaffhausen. Wo endet für Sie die Schifffahrt?	☐ a) Höhe Holzsteg in Paradies ☐ b) unmittelbar vor der Eisenbahnbrücke Feuerthalen-Schaffhausen ☐ c) unmittelbar vor der Straßenbrücke Feuerthalen-Schaffhausen
500. Dürfen Sie auf dem Rhein einem entgegenkommenden Schiff nach Backbord ausweichen, wenn dies nach Steuerbord nicht möglich ist?	☐ a) nein, auf gar keinen Fall ☐ b) ja, ohne weiteres ☐ c) ja, nach rechtzeitiger Abgabe des vorgeschriebenen Schallzeichens

Fragen:	Antworten:
501. Wie ist beim Begegnen auf dem Rhein nach der Regel auszuweichen?	☐ a) nach Backbord ☐ b) nach Steuerbord ☐ c) gemäß Verständigung mit Handzeichen oder Flaggensignalen
502. Sie begegnen mit Ihrem Motorboot bei der Talfahrt einem den Rhein querenden Ruderboot. Wer muss ausweichen?	☐ a) das Ruderboot ☐ b) das Motorboot ☐ c) nicht geregelt
503. Bei einer Engstelle ist das gefahrlose Begegnen mit einem anderen, gleichrangigen Schiff nicht möglich. Wer hat sich wie zu verhalten?	☐ a) das zu Berg fahrende Schiff muss unterhalb der Engstelle die Durchfahrt des Talfahrers abwarten ☐ b) das zu Tal fahrende Schiff muss oberhalb der Engstelle die Durchfahrt des Bergfahrers abwarten ☐ c) derjenige, der näher an der Engstelle liegt hat den Vortritt
504. Wer hat beim Zusammentreffen im Bereich von Brücken immer, d. h. Berg- oder Talfahrt, das Wegerecht?	☐ a) Boote mit Motor ☐ b) Vorrangschiffe ☐ c) Fischereifahrzeuge
505. Darf ein langsamer fahrendes Schiff auf dem Rhein überholt werden?	☐ a) ja, beidseitig, mit genügend Abstand, wenn der dadurch zu Überholende nicht behindert wird ☐ b) ja, nur auf dessen Backbordseite und wenn der dadurch zu Überholende nicht gefährdet wird ☐ c) nein, das Überholen im fließenden Gewässer ist grundsätzlich verboten
506. Wie haben Sie sich gegenüber Fischern, Schwimmern und Ruderbooten zu verhalten?	☐ a) ich behalte meinen Kurs und auch die gesetzl. vorgeschriebene Höchstgeschwindigkeit bei ☐ b) ich halte den größtmöglichen Abstand und reduziere die Geschwindigkeit so, dass kein oder nur geringer Wellenschlag entsteht ☐ c) ich muss keine speziellen Fahrregeln beachten

Fragen:	Antworten:
507. Wie begegnen Sie Fahrzeugen, die in der Fahrrinne treiben?	☐ a) die treibenden Fahrzeuge müssen ausweichen ☐ b) mit genügend Abstand und möglichst geringem Wellenschlag ☐ c) mit ausgekuppelter Maschinenanlage
508. Warum soll man oberhalb der Brücke Diessenhofen möglichst in der Rheinmitte fahren?	☐ a) wegen der sehr engen Fahrrinne ☐ b) wegen nicht signalisierten Unterwasserhindernissen (Felsen) ☐ c) wegen zwei gegenüberliegenden Badeplätzen
509. Wo ist das Ankern auf dem Rhein grundsätzlich verboten?	☐ a) nur dort, wo ein Ankerverbotszeichen steht ☐ b) das Ankern ist überall erlaubt ☐ c) im Bereich von Brücken und offiziellen Landestellen sowie in Fahrrinnen und Fahrwasserengen
510. Muss sich der Führer eines Motorbootes zwingend an die grün gekennzeichnete Fahrwasserseite halten?	☐ a) ja, es ist verboten außerhalb des gekennzeichneten Fahrwassers zu fahren ☐ b) nein, das Fahrwasserzeichen hat nur empfehlenden Charakter ☐ c) nein, gilt nur für Fahrgastschiffe
511. Sie fahren zu Berg in Richtung Diessenhofen und bemerken unterhalb der Brücke ein wendendes Fahrgastschiff. Wie haben Sie sich zu verhalten?	☐ a) Wendemanöver abwarten ☐ b) Fahrt kann ohne weiteres fortgesetzt werden ☐ c) sofort vor Anker gehen
512. Wie ist ein Fahrgastschiff im Bereich der Hemishofer Brücken zu überholen?	☐ a) Überholmanöver muss rechtzeitig mit Schallzeichen angekündigt werden ☐ b) das Überholen ist verboten ☐ c) das Überholen darf nur auf dessen Backbordseite erfolgen
513. Wie legen Fahrgastschiffe in Diessenhofen an?	☐ a) immer in ihrer Fahrrichtung ☐ b) gegen die Strömung ☐ c) nicht geregelt

Fragen:	Antworten:
514. Wo befindet sich die erste schweizerische Zollanlegestelle nach der Einfahrt in den Hochrhein?	☐ a) rechtsrheinisch oberhalb der Straßenbrücke Stein am Rhein ☐ b) rechtsrheinisch, unterhalb der Straßenbrücke Stein am Rhein ☐ c) linksrheinisch oberhalb der Straßenbrücke Stein am Rhein
515. Nennen Sie die Brücken der Hochrheinstrecke im Bereich der BSO in Strömungsrichtung!	☐ a) Straßenbrücke Stein am Rhein, Eisenbahnbrücke Hemishofen, Straßenbrücke Diessenhofen, Straßenbrücke Schaffhausen, Eisenbahnbrücke Schaffhausen ☐ b) Straßenbrücke Stein am Rhein, Straßenbrücke Diessenhofen, Eisenbahnbrücke Hemishofen, Straßenbrücke Schaffhausen, Eisenbahnbrücke Schaffhausen ☐ c) Straßenbrücke Stein am Rhein, Eisenbahnbrücke und Straßenbrücke Hemishofen, Straßenbrücke Diessenhofen, Eisenbahnbrücke Schaffhausen, Straßenbrücke Schaffhausen

Fragen- und Antwortkatalog für die Prüfung über Seenotsignalmittel (Sachkundenachweis nach dem Waffengesetz und Voraussetzungen für die Befreiung nach dem Sprengstoffgesetz) im Rahmen einer Prüfung für Wassersport-Führerscheine.

Fragen:	Antworten:
Notsignale	
Allgemeines	
1. Was versteht man unter pyrotechnischen Notsignalen?	1.
2. Welche pyrotechnischen Seenotsignale unterliegen dem Waffengesetz?	2.
3. Welche pyrotechnischen Seenotsignale unterliegen dem Sprengstoffgesetz?	3.
4. Welche pyrotechnischen Seenotsignale kennen Sie?	4.
5. Welche Farben haben pyrotechnische Seenotsignale?	5.
6. Wann dürfen pyrotechnische Seenotsignale verwendet werden?	6.
7. Was ist bei allen steigenden Seenotsignalen unbedingt zu beachten?	7.
8. Worin liegt die Gefährlichkeit pyrotechnischer Gegenstände?	8.

Fragen:	**Antworten:**
9. Welche pyrotechnischen Seenotsignale dürfen Sie nur verwenden?	9.
10. Was für Vorteile haben Signalraketen bzw. Signalpatronen, die mit Fallschirmen ausgerüstet sind, gegenüber Signalsternen?	10.
11. Worüber sollten Sie sich sofort nach dem Erwerb pyrotechnischer Seenotsignale informieren?	11.
12. Wie lang ist die Verbrauchsdauer pyrotechnischer Seenotsignale bei sachgemäßer Lagerung?	12.
13. Woraufhin sind pyrotechnische Seenotsignale ständig zu überwachen, damit die Funktionsfähigkeit gewährleistet ist?	13.
14. Was verkürzt die Verbrauchsdauer pyrotechnischer Seenotsignale bzw. macht sie evtl. gefährlicher?	14.
15. Wie sind pyrotechnische Seenotsignale während der Fahrt aufzubewahren?	15.
16. Wie sind pyrotechnische Seenotsignale an Bord, im Hafen und an Land aufzubewahren?	16.
17. Was machen Sie mit überlagerten pyrotechnischen Seenotsignalen?	17.

Fragen:	**Antworten:**
18. Wem dürfen Seenotsignale überlassen werden?	18.
19. Was haben Sie nach dem Erwerb einer erlaubnispflichtigen Signalpistole zu tun?	19.
20. Was müssen Sie tun, wenn Ihnen Signalmittel oder Waffen abhanden kommen?	20.
21. Dürfen Sie Seenotsignalmittel in öffentlichen Verkehrsmitteln befördern?	21.

Zusätzliche Fragen für den Erwerb einer Waffenbesitzkarte nach dem Waffengesetz

1. Für welche Signalwaffen benötigen Sie eine Erlaubnis der zuständigen Behörde?	1.
2. Welche Signalwaffen können frei erworben und mitgeführt werden?	2.
3. Wozu berechtigt eine Waffenbesitzkarte?	3.

Fragen:	Antworten:
4. Worin liegt der wesentliche Unterschied zwischen einem Waffenschein und einer Waffenbesitzkarte?	4.
5. Bei welcher Behörde ist eine Waffenbesitzkarte zu beantragen?	5.
6. Welche Voraussetzungen müssen gegeben sein, um eine Waffenbesitzkarte erwerben zu können?	6.
7. Wie kann ein Wassersportler nachweisen, dass ein Bedürfnis für den Erwerb einer Signalpistole vorliegt?	7.
8. Welche behördlichen Papiere oder Erlaubnisse berechtigen zum Erwerb von erlaubnispflichtiger pyrotechnischer Munition?	8.
9. Mit welchen Zeichen ist die Signalmunition gekennzeichnet?	9.
10. Welche Ausweispapiere sind beim Führen einer Signalpistole mitzuführen?	10.

Fragen:	**Antworten:**
11. Wie ist eine Signalpistole an Bord eines Wassersportfahrzeuges aufzubewahren?	11.
12. Wie ist pyrotechnische Munition zu lagern?	12.
13. Welche Steighöhe und Leuchtdauer haben Fallschirmsignalpatronen?	13.
14. Wie verhalten Sie sich bei Versagern?	14.
15. Erläutern Sie die Handhabung der Signalpistole im Notfall!	15.

Zusätzliche Fragen für den Erwerb, die Aufbewahrung und die Verwendung von pyrotechnischen Notsignalen nach dem Sprengstoffgesetz

1. Welche pyrotechnischen Seenotsignale können erlaubnisfrei erworben, aufbewahrt und verwendet werden?	1.
2. Welche erlaubnispflichtigen pyrotechnischen Seenotsignale dürfen Wassersportler mit einem im Führerschein eingedruckten Befreiungsvermerk erwerben?	2.

Fragen:	**Antworten:**
3. Woran erkennen Sie an einem pyrotechnischen Seenotsignal, um welche Unterklasse es sich handelt?	3.
4. Wer darf pyrotechnische Seenotsignale der Klasse T verwenden?	4.
5. Wie lang ist die Brenndauer einer Seenot-Handfackel?	5.
6. Welche Arten von Zündern werden bei Seenot-Handfackeln gewöhnlich verwendet und wie funktionieren sie?	6.
7. Was ist sicherheitstechnisch bei der Verwendung von Seenothandfackeln zu beachten?	7.
8. Beschreiben Sie den allgemeinen Aufbau eines Rauchsignals!	8.
9. Was ist bei der Verwendung von Rauchsignalen zu beachten?	9.
10. Was wissen Sie über Steighöhe und Brenndauer von Signalraketen?	10.

Fragen:	**Antworten:**
11. Fallschirmraketen und Handfackeln sind bei klarem Wetter unterschiedlich weit zu sehen. Welche Signale verwenden Sie den Umständen entsprechend?	11.
12. Dürfen Sie pyrotechnische Gegenstände selbst herstellen?	12.

Die Signalpistole

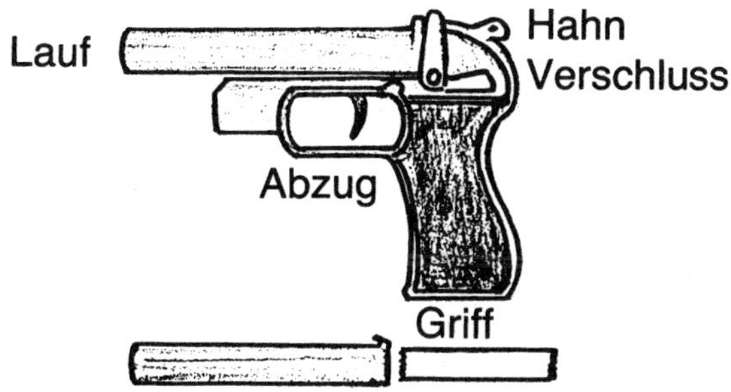

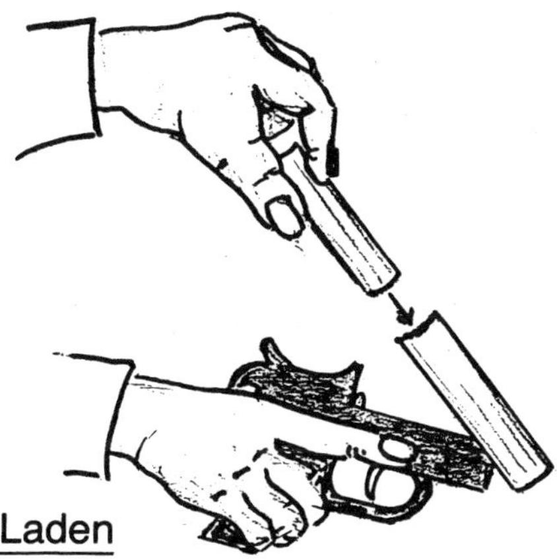

1. Laden

2. Schließen

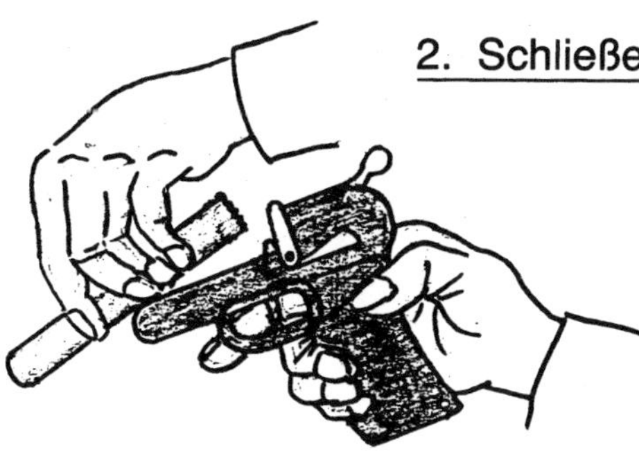

Mündung abwärts,
Finger „lang“

3. Spannen
über dem Kopf

4. Schießen

5. Beim Versager

ISBN 3-927936-53-7

Impressum: Schifferpatent für den Bodensee. Übungsbuch mit Fragen- und Antwortenkatalog nach dem Multiple-Choice-Verfahren, Stand BSO vom 01. 01. 2006. Zusammengestellt von Hans-Joachim Pieper, Friedrichshafen, weitergeführt von Jörg Pieper, Tübingen. Grafik: Hans Geißler, D-72458 Albstadt. Titelbild: © Stanko Petek, www.luftbild.com. Verlag und Druck: Druck- und Verlagshaus Hermann Daniel GmbH & Co. KG, Postfach 10 02 64, D-72334 Balingen, Telefon (0 74 33) 2 66-0.